国宏智库丛书（2023）
国家发展和改革委员会“发改英才”系列图书

全球产业链和货物贸易格局演变及发展

QUANQIU CHANYELIAN HE HUOWU MAOYI GEJU YANBIAN JI FAZHAN

季剑军　尹佳音　李大伟　等　著

中国计划出版社
·北　京·

图书在版编目（CIP）数据

全球产业链和货物贸易格局演变及发展 / 季剑军等著. -- 北京 : 中国计划出版社, 2024.1
（国宏智库丛书. 2023）
ISBN 978-7-5182-1554-6

Ⅰ. ①全… Ⅱ. ①季… Ⅲ. ①国际贸易一研究 Ⅳ. ①F74

中国国家版本馆CIP数据核字(2023)第192766号

策划编辑：李　陵　　　　责任编辑：赵超霖　袁　铭
封面设计：锋尚设计　　　责任校对：杨奇志　谭佳艺
责任印制：李　晨

中国计划出版社出版发行
网址：www. jhpress. com
地址：北京市西城区木樨地北里甲11号国宏大厦C座3层
邮政编码：100038　电话：(010) 63906433（发行部）
北京厚诚则铭印刷科技有限公司印刷

787mm×1092mm　1/16　13.75印张　187千字
2024年1月第1版　2024年1月第1次印刷

定价：63.00元

本书课题组成员

季剑军　中国宏观经济研究院对外经济研究所新兴经济体研究室副主任、研究员

尹佳音　中国宏观经济研究院对外经济研究所副研究员

李大伟　中国宏观经济研究院对外经济研究所新兴经济体研究室主任、研究员

王　蕴　习近平经济思想研究中心副主任、研究员

关秀丽　中国宏观经济研究院对外经济研究所研究员

王海峰　中国宏观经济研究院对外经济研究所研究员

陈长缨　中国宏观经济研究院对外经济研究所研究员

郝　洁　中国宏观经济研究院对外经济研究所贸易和投资研究室主任、研究员

杨长湧　中国宏观经济研究院对外经济研究所综合研究室主任、研究员

张一婷　中国宏观经济研究院对外经济研究所副研究员

郝碧榕　中国宏观经济研究院对外经济研究所助理研究员

李星辰　中国宏观经济研究院对外经济研究所助理研究员

前 言

全球产业链的本质是各国生产要素创新整合、跨国组织模式重构的空间布局，是影响国际贸易格局的重要变量。近年来，逆全球化、新冠疫情及新一轮科技革命等推动全球产业链从深度调整向加速重塑转变，导致国际贸易区域格局、商品结构、贸易形式及竞争模式不断演变。而诸如国际经贸规则、贸易摩擦、地缘因素等又通过贸易格局的主动调整反作用于全球产业链布局，如国际经贸规则调整向区域内“高标准”和区域外“强排他”的方向演变，贸易摩擦加剧等因素推动区域内贸易的重要性日益提升，进而导致全球产业链布局的区域化、本地化发展。因此，对国际贸易结构演化和全球产业链构建两者相互关系和作用机制的研究一直是对外开放领域的研究热点。当前全球产业链逐步进入深度调整期，产业链朝着数字化、低碳化方向发展，特别是全球新冠疫情暴发以来，产业链内向化、区域化、多元化趋势日益突出，不仅造成要素和商品跨境流动规模下降，也对要素和商品流向影响深远。同时，贸易保护主义和单边主义抬头，国际经贸规则深刻变革，全球产业链和贸易格局面临更为复杂的外部冲击，我国又处于从贸易大国向贸易强国转变的关键阶段，如何巩固和提升在全球产业链中的地位，保障产业链安全稳定发展，并带动外贸结构持续优化，实现外贸高质量发展，是必须研究和明确的问题。应准确研判全球产业链发展方向以及对全球货物贸易格局的影响，以及我国在全球产业链和货物贸易格局中面临的机遇挑战，在产业端和贸易端同时施策，实现对外贸易与产业结构相互促进的正向反馈机制。

本书撰写人员均来自国家发展和改革委员会对外经济研究所（中国宏观经济研究院对外经济研究所），课题组成员包括：季剑军、尹佳音、李大伟、王蕴、关秀丽、王海峰、陈长缨、郝洁、杨长湧、张一婷、郝碧榕、李星辰。第一章由课题组全体人员共同完成，第二章由课题主持人季剑军完成，第三章由张一婷、郝碧榕、李星辰完成，第四章由尹佳音完成，第五章由郝洁完成，第六章由陈长缨完成，第七章由尹佳音和李大伟完成，第八章由课题组全体人员共同完成，第九章由季剑军和尹佳音完成。

作者

2023年5月

目　录

第一章　新变局下巩固和提升我国在全球产业链和贸易格局中的地位 1

一、全球产业链与货物贸易格局演变的理论逻辑和历程 1

二、全球产业链重塑的影响因素和发展趋势 9

三、全球产业链重塑对货物贸易格局的影响 20

四、全球产业链和货物贸易格局重塑对我国巩固产业链和贸易地位的影响 25

五、新变局下巩固并提升我国在全球产业链和贸易格局中地位的思路和目标 32

六、新变局下巩固并提升我国在全球产业链和货物贸易格局中地位的重点任务 39

七、保障措施 47

第二章　产业链分工和国际贸易格局演变的相互关系 52

一、关于产业链分工和国际贸易格局演变的研究综述 52

二、后疫情时代全球产业链加速重塑对全球货物贸易格局演变趋势的影响 61

三、结论 68

第三章 我国货物贸易结构变化趋势及现状评价 70

一、全球产业链视角下改革开放以来我国产业链的地位及相应货物贸易结构演进特征 70

二、存在的问题、取得的成效 83

三、优化货物贸易结构的安排 94

第四章 全球产业链重塑背景下提升我国在产业链中地位的思路 103

一、产业链的形成与全球产业链的演变历史 103

二、当前全球产业链的主要特点及我国所处地位 107

三、全球产业链重塑的总体趋势及变化特点 114

四、我国参与全球产业链重塑的机遇与挑战 116

五、提升我国在全球产业链中地位的路径 123

六、政策建议 125

第五章 全球产业链重塑背景下我国外贸格局的优化 127

一、全球产业链重塑对我国外贸格局深刻影响 128

二、当前优化我国外贸格局面临的机遇和挑战 136

三、优化我国外贸格局的思路与重点任务 140

第六章 美国构建排他性产业链对我国参与全球产业链的影响 146

一、价值观贸易是拜登政府对华政策的重要组成部分 146

二、美国以价值观为背景不断深化对我国的围堵 150

三、美国构建排华价值链网络对我国参与全球产业链具有严重的负面影响 162

四、应对美国价值观贸易对我国产业链影响的对策建议 166

第七章 美国通胀削减法案对我国新能源产业的影响和对策 169

一、《法案》对新能源汽车供应链提出了诸多歧视性、限制性要求 169

二、《法案》对我国新能源汽车企业扩大美国市场份额将带来严重负面影响 171

三、政策建议............174

第八章 我国对外贸易格局演进及发展文献综述 176

一、我国对外贸易格局演进的理论研究和实践历程 176

二、我国对外贸易高质量发展面临的主要问题............180

三、我国对外贸易高质量发展的对策研究............181

第九章 当前我国中西部地区承接产业转移情况和存在的问题——基于赣州、佛山和南宁产业转移情况的调研 188

一、中西部地区以通道建设和多层级政策支持体系助力产业转移取得重大成绩 189

二、国内区域间产业转移面临的问题............193

三、更好平衡国内区域间产业转移和产业外迁竞争关系的对策建议............199

参考文献 203

第一章 新变局下巩固和提升我国在全球产业链和贸易格局中的地位

一、全球产业链与货物贸易格局演变的理论逻辑和历程

全球产业链和货物贸易格局是国际分工的外在表现形式。关于国际贸易格局及其演变趋势与全球产业链布局之间联系的研究，需要从历史演化和理论机制的分析视角系统论述全球产业链和贸易格局演变的驱动力，深入探讨产业链和贸易格局的相互作用机理，进而科学研判百年变局叠加世纪疫情背景下，未来全球产业链和货物贸易格局的变化趋势。

（一）全球产业链分工和贸易格局关系的一般理论分析

1.全球产业分工格局是影响货物贸易格局的核心变量

关于国际贸易格局结构演化与全球产业链分工两者关系和相互作用机制的研究并没有定论。一方面，理论界缺乏同时从产业链内生技术因素和货物要素跨境自由流动的便利性两个方面对国际贸易格局演变的分析。另一方面，产业链布局是各国在产业层面分工细化的体现，是推动现有贸易格局形成的产业驱动力。从经济学角度来看，国际分工奠定了国际贸易的基本格局，而

国际分工是各国产业分工不断深化的结果，随着交易成本的下降、技术的进步、规模经济的发展，分工逐渐超越国境，就产生了国际贸易。各国产业分工不断细化至产业链层面，使货物贸易商品结构、区域结构等随着产业链各环节分工格局的变动而变动。因此，全球产业链分工是形成国际贸易格局的物质基础，是推动贸易格局演变的核心变量，产业链的空间布局决定了货物贸易商品流向以及货物贸易结构等。近年来，逆全球化、新一轮科技革命和产业变革等因素使产业链的形态和内容发生了深刻变化，这必然导致全球产业链分工加速重塑，也导致国际贸易区域格局、贸易结构、贸易形式及竞争模式不断演变。

2.产业分工形态的发展变化是推动货物贸易格局演变的基本驱动力

国际分工大概经历了产业间分工、产业内分工和产品内分工三个阶段。总体看，国际分工呈现越来越精细、协作与组织化程度越来越高的趋势，产业间分工的专业化收益来自各国要素禀赋差异，产业内分工的专业化收益来自产品专业化分工带来的产品间的规模经济，产品内分工的专业化收益来自要素分工带来的存在于生产环节间的规模经济。随着产业分工推进，货物贸易格局和产品结构也随着专业化分工的深化发展而发生相应的演变。例如，20世纪80年代，国际贸易中70%左右是制成品贸易，主要表现为一个国家、一个地区、一个企业生产的产品卖到另一个国家。而随着分工由产业间分工、产业内分工向产品内分工发展，货物贸易逐渐由以制成品为主向以零部件等中间品为主的贸易格局演变，2010年，整个国际贸易中的中间品贸易量占比为60%，而后这一比例逐步攀升至70%以上。

3.贸易格局对产业链布局的反作用机制

一般而言，贸易格局的变化对全球产业链的反作用机制基本是沿着以下路径进行，即外部冲击因素引发贸易结构、贸易方式发生了与各国原有产业结构、成本优势相背离的调整，产业链布局顺应这种贸易格局的变化进行被动调整。具体看，贸易格局分别从制度层面和政治层面对产业链布局产生反作用。从制度层面反作用机制看，制度成本、交易成本的变化对贸易格局产生影响，进而对全球产业链布局带来影响，包括各国贸易政策、国际经贸规则的变化对贸易成本产生影响。如果贸易成本的变化超过产业链布局所依赖的各国比较优势基础上的相对成本变化，就将引发贸易流向的改变，进而引发产业链布局的相应调整。如区域经贸协定会影响交易成本进而对贸易区域结构产生影响，自由贸易区的建立通过贸易创造和贸易转移两种效应引起贸易区域结构的变化，进而间接对区域产业链布局产生反作用。特别是在全球化受阻的情况下，相应的区域协定、区域安排的重要性在不断提升，引致产业链分散化布局，同时向区域中心国家集中。此外，贸易保护也会对两者良性互动机制产生扰动，通过贸易政策、经贸规则的变化作用于贸易格局，再传导至产业链布局，引发产业链格局的被动调整。从政治层面反作用机制看，诸如地缘政治冲突和摩擦等因素也会对现有的商品流动和物流渠道产生冲击，引发贸易格局的调整，进而导致产业链被动调整。政治因素的干扰通常会产生不利于自由贸易格局发展的结果，在经济政治化、政治经济化的大环境下，大国战略竞争必然导致贸易流向的变化甚至是相关贸易链条脱钩，影响贸易格局的自由变迁，如采用经济援助、经济制裁等手段干扰原有的贸易格局，贸易格局无法沿着交易成本最小化路径进行自由变迁，将导致各国福利水平有所下降。

（二）全球产业分工深化发展下货物贸易格局的演变历程

1.产业间分工推动发展中国家与发达国家间原材料和工业品之间贸易格局的形成

产业间分工的动力来自不同国家或地区的要素禀赋差异，各个国家或地区根据资源要素禀赋，从事不同的产业活动，不同产业部门在各个国家或地区之间进行专业化分工。具体表现为发展中国家主要从事附加值较低的自然资源开采和初加工的劳动密集型产业，而发达国家则专注于附加值较高的工业品制造行业。这个时期国际贸易以发展中国家向发达国家输出原料，发达国家向发展中国家输出工业品为主要特征，通过这种分工实现各个国家或地区的专业化分工收益。在产业间分工阶段，根据以要素禀赋为基础的比较优势，发展中国家和发达国家分别从事资源型的劳动密集型产业和技术型的资本密集型产业，发展中国家以生产资源型的劳动密集型产品为主，而发达国家以发展中国家的资源型产品为原料生产工业制成品。

2.产业内分工成为新兴市场国家与发达国家之间，以及发达国家与发达国家之间相互输出工业制成品贸易格局的基础

随着产业间分工的推进，一方面，一些发展中国家或地区在产业升级诉求以及产业资本追逐更大利益的驱动下，通过引进发达国家技术进入工业品制造行业，实现了与发达国家之间的产业内分工；另一方面，由于技术、资本和管理的制约，发达国家从事全产业产品生产的产业间分工收益在不断下降。在第三次科技革命的带动下，发达国家众多产业技术的突破使得同一产业不同产品实现了差异化分工，即产业内分工。具体表现为，在不同产业中，发达国家和新兴市场国家根据自身技术和资本等要素的比较优势从事该产业内不同产品的生产，相互间进行差异化产品贸易。国际贸易以新兴市场国家与发达国家之间，以及发达国家与发达国家之间相互输出工业制成品为主要特征。在这一阶段，各个国家或地区生产的产品品种相对固定，产业间技术经济联系较稳定，各个产业主要通过扩大生产规模获取规模经济而发展，资源要素禀赋优势的重要性相对下降。

3.产品内分工推动发达国家与发展中国家之间的中间品贸易成为国际贸易主要形式

20世纪80年代以来，伴随以信息技术和专业化技术为代表的生产技术快速发展、全球一体化的经济运行体制和快速便捷的物流体系的建立，各国要素差异化和集聚化趋势加强，要素全球流动速度加快，为国际分工的持续细化创造了技术和制度条件，产品内分工成为国际分工的主要表现形式，以跨国公司为主的经营主体对产品生产过程进行价值链分解，在全球范围内根据各个国家或地区的比较优势布局产品价值链环节。与产业间分工和产业内分工相比，产品内分工的产品加工度更高、产业链延伸更长、产业体系结构更为复杂。各个国家或地区主要通过扩大产品环节的生产规模获取规模经济而发展。这个时期国际贸易以发达国家与发展中国家之间的中间品贸易为主要特征。

产业分工阶段和国际贸易格局演变特征见表1–1。

表1–1　产业分工阶段和国际贸易格局演变特征

分工阶段	国家类型	分工特征	国际贸易格局特征
产业间分工	发展中国家	以资源型的劳动密集型产业为主，集中在亚非拉地区	通过扩大单一资源型的劳动密集型产业生产规模获取规模经济，向发达国家输出原料
	发达国家	技术型的资本密集型产业，集中在欧美地区	通过扩大品种固定的工业制成品行业生产规模获取规模经济的竞争优势，向发展中国家输出工业品
产业内分工	发展中国家	以资源型的劳动密集型产业为主，生产低加工度的劳动密集型初级产品	通过扩大单一资源型的劳动密集型产业生产规模获取规模经济，向发达国家和新兴市场国家输入原料
	新兴市场国家	技术型的资本密集型产业结构，生产具有比较优势的工业制成品，加工度低于发达国家	通过扩大低加工度的差异化工业制成品生产规模获得规模经济，与发达国家之间相互输出工业制成品
	发达国家	以技术型的资本密集型产业为主，生产具有比较优势的加工度高的工业制成品	通过扩大高加工度的差异化工业制成品生产规模获得规模经济，与发达国家之间相互输出工业制成品

续表1-1

分工阶段	国家类型	分工特征	国际贸易格局特征
产品内分工	发展中国家	初级生产要素密集型产业，主要从事零部件、辅助零配件的制造安装	通过扩大资源密集和劳动密集型产业环节的生产规模获得规模经济，向发达国家和新兴市场国家输出输入中间品
	新兴市场国家	中级生产要素密集型产业，主要从事主要零部件制造	通过高技术密集型和资本密集型产业环节的生产规模获得规模经济，向发达国家和发展中国家输出输入中间品
	发达国家	高级生产要素密集型产业，主要从事研发、销售等高端生产型服务业以及核心部件生产等高端制造业	通过创新和重组全球产业链获取产品的垄断和成本最小化优势，向发展中国家和新兴市场国家输出输入中间品

（三）上一轮全球化以来全球产业链分工及货物贸易格局演变特征

1.产业链内部分工体系成为全球货物贸易格局的基础

20世纪80年代以来，随着产品内分工不断深化发展，跨国公司基于产品内分工在全球范围内对产业链进行分割布局，以垂直型和水平型专业化分工为特征的产业链内部分工体系逐渐成型。跨国公司是产业链内部分工格局的重要推动者和关键塑造者，对各个国家或地区的劳动力、自然资源、区位优势、市场空间、政策支持等基础条件进行整合，通过建立研发基地、生产基地、子公司，以及与代工厂签订生产合同、设立海外经销商等方式，构建起全球化的生产协作网络，形成了上一轮全球产业链内部分工的基本格局。而信息技术和交通运输的快速发展极大地降低了产业链各环节跨国跨区域布局和转移的成本，使产业链分工突破了地理空间的约束，产品生产过程中不同工序或区段，通过空间分散化展开成跨区或跨国性的生产链条或体系，全球产业分工链条不断延伸，越来越多国家或地区的企业参与特定产品生产过程不同工序或区段的生产或供应活动。

2.产品内贸易成为全球贸易增长和多边贸易壁垒下降的主要动力

产品内贸易增长带动全球贸易快速增长。以产业链为纽带的产品内分工体系，通过生产工序的跨国转移，即不同生产阶段的空间分离和跨国布局，使得产品内贸易成为国际贸易主要表现形式。在制成品进入最终组装阶段以前，是几十个国家、几百家企业生产的上千个零部件互相组合形成中间品，一国制造的中间品出口至另一国，作为投入品进入到下一阶段中间品的生产中，其后再次出口，直至形成最终品被消费，这就导致中间品多次跨境流动，带来更多贸易流量。

产品内贸易对贸易成本的放大效应带动全球贸易壁垒大幅下降。中间品在国家间的多次流动使得关税等贸易成本在生产过程中被层层累加，产生了序贯生产过程所特有的贸易成本放大效应。关税和运输成本伴随着中间品的多次出入境而重复产生，并且分工环节越细化、跨境次数越多，贸易成本的增加幅度也就越大，尽管每个国家的税率都很低，也会使税收负担如同复利一般以几何级数放大，进而严重阻碍价值链生产和贸易的发展。这种贸易成本放大效应催生了各国降低进出口关税壁垒的政策需求，带动多边贸易壁垒大幅下降。以世界贸易组织（WTO）为代表的多边贸易体制一直致力于削减中间品的关税以及降低非关税贸易壁垒，改善通关环境、提高流通效率，有效降低中间品在跨境流通环节的贸易成本，保障全球产业链各环节的衔接。

3.发达国家和新兴经济体之间出现贸易失衡

在产业链分工体系下，拥有技术和相应要素优势的发达国家生产附加价值最高的产品，或者从事附加值最高阶段的生产，而技术落后或缺乏先进行业发展要素的发展中国家则从事技术含量较低的产品生产或部分阶段的生产。

伴随技术发明、产品设计与产品加工制造在地点上的分离，发达国家不断从发明和产品设计中积累经验，强化这方面的优势，逐步将劳动密集型工序通过对外直接投资或者外包的方式转移到发展中国家，其自身则更多地致力于研发、品牌塑造和推介，以及全球营销等高附加值环节。发达国家的本土制造活动趋于减少，逐渐专业化于以现代金融为代表的服务业和高附加值的制造业环节，发展中国家日益专注于制造业加工组装。这种分工结构导致发达国家经济结构日益向现代服务业部门倾斜，实体产业逐渐空心化，本国的制成品生产无法满足本国需求，商品出口份额相对下降。而发展中国家通过承接外包和长期的高投资率获得了巨大的生产能力，产能增长远超国内需求增长，能够源源不断地将制成品输往发达国家市场。国际贸易成为弥补发达国家和新兴经济体之间产出和需求缺口的自然途径，从而导致了二者之间商品贸易收支的不平衡。

4.区域经济一体化成为多数国家参与产业链分工的替代选择，区域贸易协定对区域性产业链的形成和发展发挥着举足轻重的作用

随着产业链分工的深化，边境规则协调已经难以满足当前全球产业链分工对国际贸易治理的需要，贸易规则协调向边境后延伸成为必然趋势，需要各个国家规制的融合与标准的统一，通过制定高标准、高质量的边境后国际贸易规则来进一步统筹全球产业链，促进要素跨境流动，降低产业链各环节的交易成本和生产成本。然而，多边贸易框架下就边境后议题的协调始终无法达成广泛共识，WTO框架下多边贸易谈判屡遭挫折，多边贸易体制在支撑日益深化发展的全球产业链分工体系方面的局限性日益突出。因此，区域经济一体化成为多数国家深度参与全球产业链的替代选择，带动区域内贸易成为全球贸易增长的重要动力。20世纪90年代后期，区域贸易协定数量不断增加，1998年之前，全球区域贸易协定还只有102个，截至2022年12月1日，共有355个区域贸易协定生效，《全面与进步跨太平洋伙伴关系协定》

（CPTPP）、《跨大西洋贸易与投资伙伴关系协定》（TTIP）等成员国众多、覆盖领域全面的巨型贸易协定不断出现。

二、全球产业链重塑的影响因素和发展趋势

（一）全球产业链重塑的影响因素

早在新冠疫情暴发前，全球产业链重塑大趋势就已凸显，新一轮科技和产业革命催化全球产业链升级演变，发达国家制造业回归和贸易摩擦促使产业布局逐步调整，疫情的暴发无疑给全球产业链重塑带来了更多不确定性。全球产业链布局的基本驱动力不再完全遵循成本最小化原则，产业链安全和弹性布局将成为未来全球产业链布局的首要原则。全球产业链的内在逻辑变化和外在扰动因素趋于复杂。

1.产业安全、大国博弈等非经济因素成为影响产业链重塑的重要因素

产业安全和国家安全成为影响全球产业链的重要变量。全球产业链在新冠疫情冲击下的脆弱性凸显，单一来源的供应商或专门生产特定产品的区域一旦停摆，将造成全球产业链的断裂和崩溃，全球产业链的布局不再以成本导向为主，产业安全将成为重要的考量因素，风险和安全作为新变量进入生产函数，安全性将替代经济性成为新的全球产业链布局主导逻辑，更多的国家将会采取产业链的本土化和多元化布局，越来越多的国家开始构建供应链备胎。

在中美战略博弈大背景下，全球产业链重塑明显带有大国竞争的政治特点，各国更多倾向于考虑地缘政治和价值观等因素，结成产业链政治联盟，通过阻断、打压和遏制联盟以外的国家发展，维持自己在全球产业链中的优势地位。一是中美之间持续升级的大国博弈和不断深化的利益脱钩对全球产业链重塑产生了深远影响。从美国和欧盟相继发布的供应链安全评估报告及

其主要结论可以看出，发达国家对产业链供应链韧性偏好的背后有着更为复杂的战略博弈因素，在很大程度上体现了供应链“去中国化”的战略意图。美欧不仅对关键供应链的定义和选择具有高度的一致性、重叠性，而且将应对供应链安全风险、提升韧性的着力点不约而同地落在“对抗或遏制已经形成的供应链节点国家的控制力”，依据是在半导体、关键矿产、锂电池、医疗物资等关键供应链上，我国已具备广泛的影响力，在全球三大区域生产体系中，我国对于增速更快、潜力更大的亚洲区域供应体系的领导力还在逐步提高。二是俄乌冲突加剧全球产业链布局集团化和平行化倾向。俄乌经济体量虽然不大，但俄乌两国的优势产业在全球分工体系中占有独特的地位。俄乌冲突、后续制裁和各国战略博弈必然引发产业链去中心化、平行化进一步加速，加快产业链平行体系的确立。

2.新一轮科技革命推动产业链多点创新和要素密集度变化

新兴产业技术多点创新推动产业链多元化布局，减少对单个经济体或少数国外供应商的依赖。以往工业革命在少数甚至是单个国家或地区率先爆发，其影响在国与国之间的传导存在一定的时滞，在工业化先行国建立起现代化产业体系之后的数百年中，仍有很多国家未能开启工业化历程。然而，新一轮科技革命和产业变革打破了传统的技术创新演进规律，全球正处于信息技术深度应用和新一轮技术革命孕育阶段，技术创新逐渐活跃。一方面，技术创新将在多个新兴行业取得突破，数字通信、计算机技术已成为全球专利申请量增幅最快和数量最多的领域，新能源技术取得重大进展，生物、材料等领域也正在酝酿不少有潜力的新技术，3D打印、人工智能等交叉融合技术成为研发热点，诸多新兴产业进一步的技术创新突破指日可待。另一方面，技术创新将在多个国家多源迸发，在中美科技脱钩和科技战略竞争的大背景下，未来将形成中美两大科技创新体系为主、其他发达国家和部分新兴大国分散创新的多元竞争格局，美国主导的科技创新体系和中国等发展中国家共同主导的科技创新体系之间的竞争将日益激烈。以往由一国或少数几家跨国公司掌握关键技术的局面将被打破，从而为新兴经济体和发展中国家的企业崛起并主导产业链重构提供战略机遇。

产业智能化数字化趋势导致要素密集度变化，尤其是劳动密集型环节资本化趋势改变了制造业要素密集度，制造业产业链分工格局将重构。新兴技术带来生产方式和生产组织形式的变革，尤其是产业智能化数字化发展，推动产业链内部分工的组织形式的变化。通过大量运用数字技术和数据资源，工业互联网、智能制造、大规模定制等新的生产方式不断涌现，将分散或孤立的设备、产品、生产者、企业等以数字化方式连接起来，数据要素与劳动相结合提高了劳动的生产效率，生产的数字化改造使得生产单位产品的资本与劳动比率提高，降低了制造业对简单劳动的需求，产业链中劳动密集型环节转变为资本密集型或者技术密集型。要素密集度的转变解决了发达国家人力成本过高的问题，进一步巩固和提高了发达国家竞争力，全球制造业产业链将加速向发达国家回流，以发挥其人力资本水平高、靠近消费市场等优势，而欠发达国家由于资本稀缺，缺乏对传统制造业数字化改造的能力，使得其制造业仍显示出“简单劳动密集型”的特征。

3.各国结构转型将重塑参与产业链分工的比较优势

各国结构转型将改变要素禀赋，各国在全球产业链中的比较优势和分工格局将重新洗牌，传统的发达国家和发展中国家间以垂直分工为主的产业链分工关系将有所调整。一方面，发达国家加快制造业回流提升了自身在制造业产业链中的优势。例如，美国主张进一步强化重振制造业战略，谋求制造业回流，确保美国在先进制造业的领导地位，通过开发和转化新的制造技术，教育和培训制造业劳动力，扩大国内制造业供应链能力。再如，日本政府通过补贴方式鼓励关键制造业回迁日本。对发达国家而言，资本、教育、数据基础设施、营商环境等是其主要优势，鼓励制造业回流相关政策将进一步推动发达国家对资本尤其是无形人力资本的积蓄，降低产业链尤其是制造业产业链对简单劳动要素的需求，发达国家在制造业产业链的优势将日益凸显。另一方面，发展中国家近年来积极提升营商环境，完善本土供应链，发展高端制造，布局战略性新兴产业，在全球产业链尤其是产业链制造环节中地位不断提升，产业链制造环节形成“中国+N”布局。例如，印度莫迪执政以来提出“印度制造”和“数字印度”两大重点产业发展计划，明确提出到2025年将印度制造业占GDP比重提升至25%的目标，并积极利用新技术革命带来的发展机遇，通过国内的市场化改革和放松管制促进新技术和制造业融合发展。印度尼西亚一直维持稳定的制造业比重，第二产业占GDP比重保持在50%左右，制造业占第二产业比重约为50%，制造业对经济增长的贡献率基本稳定在20%左右。印度尼西亚政府将制造业作为国民经济支柱，始终将推动制造业升级作为优先政策目标，推动工业由劳动密集型向资本密集型和知识密集型转变，石油炼化产业链完备，生物制药、微电子、汽车制造等附加值较高产业在制造业中占比提升。巴西也开始加速发展汽车等产业，着手实施迈向产业链中高端。

4. 全球经济治理规则重构成为影响产业链布局的重要因素，从根本上影响产业链分工的游戏规则

产业发展和规则发展是相互影响且共同演变的，产业和贸易产生的变化必然会对规则提出新的要求，全球产业链重塑必然带来全球经济治理规则的重构，尤其是新业态新领域的发展会对规则提出新诉求，例如，数字技术广泛运用使得大数据跨境输出和交易规则、电子商务跨境交易规则和全球数字贸易规则的制定提上议事日程。同时，大国博弈也进一步延伸至意识形态、价值观、规则等领域，各国规则博弈和利益诉求差别必然导致规则分歧，出现平行规则体系，进一进导致相关领域平行产业链体系的出现。具体看，经济治理规则的分化大致呈现以下三大特征：一是美国贸易政策的转向和中美竞争加剧推动形成中美两个相对独立的贸易规则体系；二是以价值观或制度差异为理由的贸易规则壁垒将不断加强；三是数据流动理念差异导致数字经济领域规则差异极大，随着数字经济和数字贸易的快速发展，数字经济领域规则体系将出现分裂和并行。

（二）全球产业链重塑趋势

总体看，全球产业链重塑体现出“变”与“不变”两大趋势，“变”体现在新兴制造业、数字经济、资本密集型产品制造业产业链中，其分工逻辑更多地纳入国家安全、产业安全、政治博弈、制度和价值观等因素，这些产业链将出现平行体系，或分化成相对独立的多个区域性产业链，分工长度明显收缩。“不变”体现在劳动密集型消费品产业链，以及新兴制造业产业链中与传统产业密切相关的零部件生产环节，其分工逻辑仍遵循成本最小化路径，呈现明显的跨国产品内分工格局，经济利益仍是决定其分工布局的主要影响因素。全球产业链重塑的表现详见图1–1。

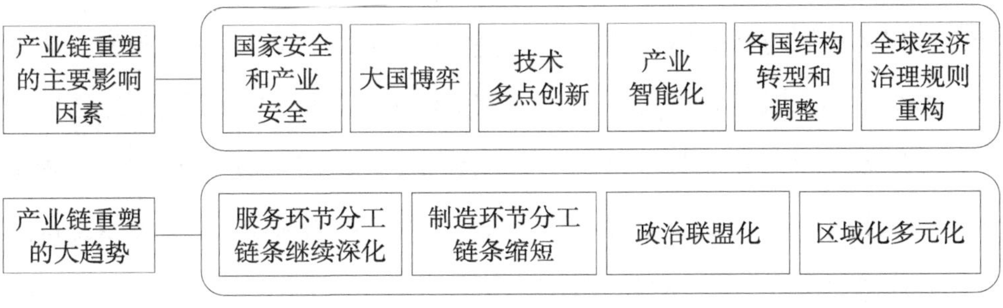

图1–1　全球产业链重塑的表现

1.产业链服务环节分工继续深化，制造环节分工链条缩短

智能化、数字化带动全球产业链服务环节新型分工合作迅速发展。新一

轮科技革命引发的产业变革加速推进，尤其是5G、人工智能、3D打印、区块链等新技术的应用，产业链数字化、智能化、平台化迅速发展，有力地促进了技术、信息、数据等要素密集型的服务环节交易成本的下降，产业链服务环节分工可在更长距离上拓展和延伸，纳入不同国家更多的经营主体，呈现碎片化、网络化特征。与此同时，制造环节的跨国分工长度将明显缩短。在疫情暴发之前，一些国家已经出台产业链回流政策，尤其是全球产业链制造环节的跨国分割已经明显收缩。以苹果公司的手机生产为例，其供应商数量的变化一定程度上反映了全球分工情况。2007年苹果公司的全球供应商数量为39家，之后开始快速增长，到2014年，已经达到633家，较2007年增长15倍。但在2014年之后，苹果公司全球供应商数量增速开始显著放缓，2019年达到801家，仅较2014年增长26.5%，反映出制造环节中的国际生产环节分工或已触及天花板。为避免产业链分工链条过长、分工过度发展所带来的断链风险，出于国家安全和产业安全的考虑，主要国家和企业有强烈的意愿加快产业链供应链本土化布局，各国将会引导关键产业或产业链环节回流，尤其是制造环节的分工长度将明显收缩。以制药行业为例，美国依赖印度的仿制药，美国超过1/3的仿制药产自印度，而印度仿制药又依靠我国的原料药，印度生产的仿制药有68%的原料药来自我国。2020年3月，因为疫情，印度从我国进口的原料药同比减少40%，导致美国国内仿制药出现短缺。3月21日，印度政府紧急宣布投资13亿美元、启动建设3个医药产业园，在国内生产53种关键原料药。而美国政府也认为医药产业事关国计民生，要求把部分制药企业移回美国，终止对我国的依赖。

2.产业链呈现政治联盟化特征，分化为以中美为主导的两大产业链联盟

大国发展竞争与政治权力博弈将改变全球产业链的布局方式、布局路径与布局逻辑，政治目的和意识形态已成为大国博弈背景下构建产业链分工体系的主要出发点，在全球范围内引发产业链体系的分化与重构，深刻地改变各国之间的贸易结构与贸易关系，使得国家间的分工合作关系体现为以政治联盟为主线、以区域和双边贸易安排方式为载体的分化组合。由于中美之间政治制度和意识形态的固有差异，在中美两国博弈长期化的背景下，产业链政治联盟化将主要表现为世界最大的两个经济体之间的竞争，以美国为首的西方发达国家选择与价值观和规范相一致的国家组建合作联盟，以维护国家安全为借口，以贸易政治化为手段，试图重建一个以自身为核心的全球产业链体系。未来全球产业链政治联盟化将主要分化为两大主要联盟体系，一是以印度洋–太平洋经济框架为主导的美国产业链联盟体系，二是以《区域全面经济伙伴关系协定》(RCEP)、共建"一带一路"为主线的我国与广大新兴经济体和发展中国家为主要参与者的产业链联盟体系。

3.产业链安全性偏好强化三大区域产业链布局

产业链安全性成为各个经济体参与全球分工与贸易需要考虑的重要问题，涉及民生以及国家命脉的战略产业的重要性显著提升，产业链区域化、多中心化成为现实的选择。一方面，未来部分产业将考虑纵向整合以缩短链条，在区域分工协作可控的条件下，通过区域化在周边以及有限的范围内建立起比较完善的产业链。当前全球三大区域产业链已经成型，即以美国为核心的北美区域产业链、以德国为核心的欧洲区域产业链以及以中日韩为核心的亚洲区域产业链。从产业链供给端来看，欧洲主要以德国、英国、法国、意大利等国为纽带构成产业链网络，亚洲主要以中国、日本、韩国等国为纽带构成产业链网络，北美地区主要以美国、加拿大、墨西哥等国为纽带构成产业链网络。从产业链需求端来看，中国的产业链离不开对美国的出口，美国的产业链更依赖于欧盟。综合供给端和需求端，美国与欧盟之间的产业链联系最为密切，中国与日本、韩国和东盟之间的产业链联系更为紧密。另一方面，确保产业链安全稳定的另一重要方式，就是保证产业链各环节均具有可替代性，即便某个供应方出于某种原因中断合作，也可以由其他供应方及时替补。

因此，为化解产业链安全隐患并尽可能实现效率最大化，未来全球关键产业链或者关键环节需要同时在三大区域生产体系进行散点布局，进一步强化三大区域产业链格局。

4.新兴制造业领域将形成多个相对独立又彼此交叉的区域产业链

近年新能源汽车、生物医药、新一代信息技术产品等新兴制造业迅速发展，正在成为全球经济新的增长点，也成为各国产业竞争焦点。这些产业链将不会遵循上一轮技术革命中所催生的产品内分工路径，而是形成多个相对独立、平行的区域性产业链，各区域性产业链存在一定的交叉环节。一方面，在产业链前端将出现多点创新。与上几轮技术革命主要在某一个国家最先开始不同，这些新兴产业的关键技术创新路径是多元化的，因此可能同时在多国实现技术突破，在多国涌现出具有竞争力的优质企业，为形成多个相对独立的区域性产业链奠定了基础。另一方面，产业链后端将出现市场分割。各国在新兴产业的竞争将蔓延至需求端，通过设置市场准入壁垒限制他国产品进入，形成相对独立的市场。特别是中美博弈背景下，由于美西方和我国同样拥有巨大的市场，美国运用各种手段设置贸易投资壁垒，阻碍我国相关产品进入美国市场。例如美国明确要求只有在美国生产的新能源汽车及上游电池等产品才能够享受最高7 500美元的消费补贴[①]，推动形成两条独立的新能源汽车产业链的格局十分明显。因此，新兴制造业产业链将在多国或多个区域形成闭环。但这些相对独立的区域产业链闭环也会存在一定交叉，因为新技术革命所带来的新产业链仍然有诸多零部件生产环节是和传统产业密切相关的，这些环节不是各国进行战略博弈的重点，美西方国家设立相关壁垒的可能性也不大。因此，这些零部件环节将呈现区域交叉布局的特点。新兴制造业产业链分工模式变化示意图见图1–2。

① 详细分析见第四章。

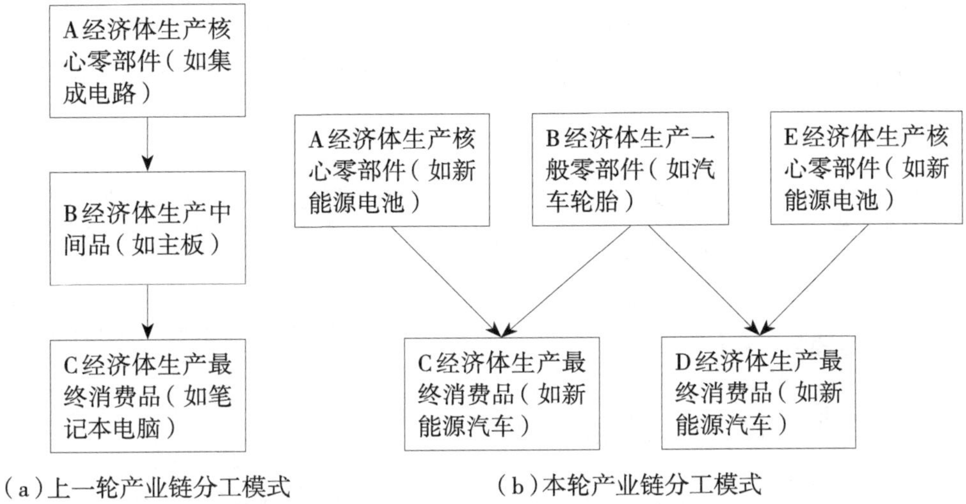

图1-2　新兴制造业产业链分工模式变化示意图

5.传统劳动密集型消费品制造业仍呈现明显的跨国产品内分工格局，但参与方逐渐由“美西方——中国——美西方”向“美西方/中国——东盟/印度/非洲——美西方/中国”转变

劳动密集型行业因投入品少、技术复杂度相对低，行业技术比较成熟，影响生产区位决策的关键因素是劳动力成本。因此，劳动密集型消费品制造业仍将遵循产品内分工逻辑，分工链条仍会继续深化，全球产业链中低附加值和劳动密集型的生产组装制造环节仍将在具有低成本劳动力禀赋比较优势的发展中国家布局，发展中国家凭借劳动力比较优势参与劳动密集型产品产业链的模式不会变。随着越南、印度等经济体进入工业化加速发展时期，并加大税收减免、改善基础设施建设等提升营商环境的力度，其大量廉价劳动力的比较优势日益突出并加快取代我国全球制造中心地位，如纺织服装、电子电器等行业的产业链向东南亚、南亚等低成本中心转移是近10年来全球产业链重塑的基本路径之一。总体看，东盟、印度、非洲等发展中国家或地区将更加深入地参与到传统劳动密集型消费品全球产业链中，该产业链布局大致从原有的“美西方——中国——美西方”格局向“美西方/中国——东盟/印度/非洲——美西方/中国”格局转变（见图1-3）。

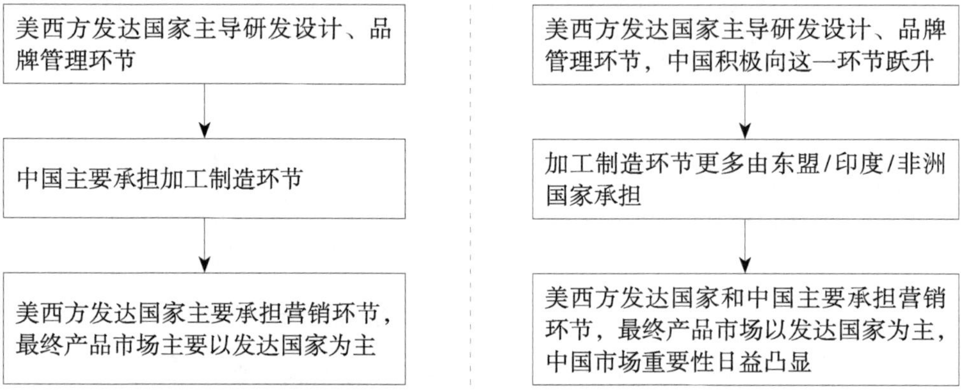

（a）上一轮产业链分工模式　　（b）本轮产业链分工模式

图1-3　传统劳动密集型制造业产业链分工模式变化示意图

6.资本密集型产品制造业全球产业链分工将大幅收缩，形成多个相对独立的区域性产业链

在当前大国博弈日益激烈的背景下，装备制造等资本密集型产品制造业的产业链安全意义更加突出。一般而言，资本密集型产品产业链的竞争力取决于两个核心环节：一是生产设备制造环节的关键技术；二是一些关键性的、不可替代的高性能零部件。出于产业链安全考虑，各国将强化对这两个环节的掌控，并将其纳入经济安全、产业安全范畴。此外，资本密集型产品的竞争力更多地由供给端的创新能力决定，需求端偏好和市场规模等因素的影响不大。因此，资本密集型产品产业链将更多依托核心技术和国家安全进行布局，尤其是将关键技术研发、关键零部件生产等环节进行本地化布局或近岸化布局，尽量减少长距离的跨国布局。最终该行业全球产业链布局将向核心技术和关键零部件生产企业集聚，产业链分工链条将大幅收缩，不同国家将基于各自对核心技术的掌控以及关键零部件生产能力形成相对独立的多个区域性产业链（见图1-4）。

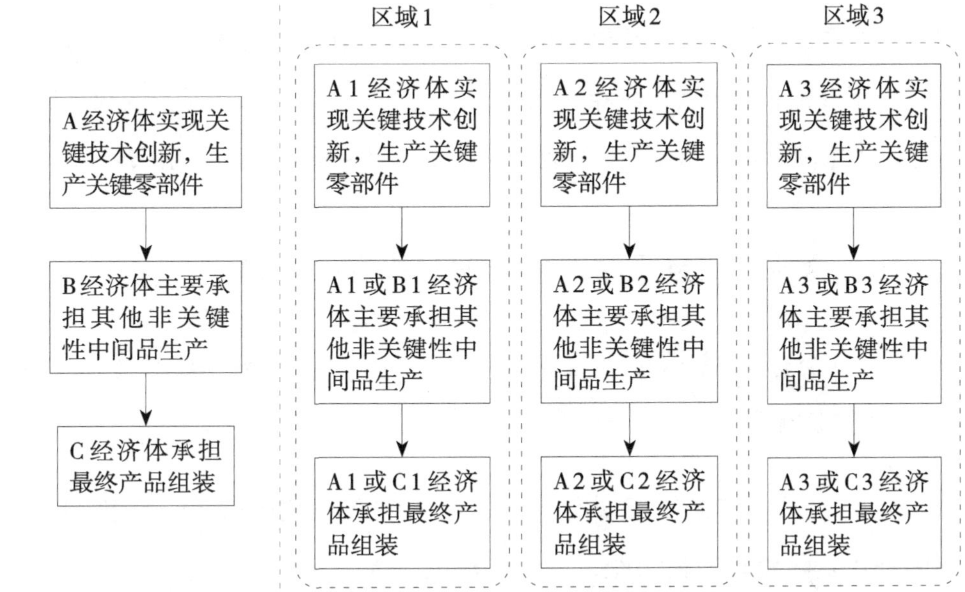

（a）上一轮产业链分工模式　　（b）本轮产业链分工模式

图1-4　资本密集型产品制造业产业链分工模式变化示意图

7.在数字经济产业链中将形成两套完全平行的分工体系

随着新一代信息技术的迅速发展，加之新冠疫情导致全球接触式服务大幅度萎缩，具有明显非接触式特征的数字经济产业链飞速发展。这类产业链主要以各类数字服务环节为主，包括大数据服务、云外包服务、数字内容创造服务等。由于服务业跨境分工的成本很低，预计数字经济产业链将成为全球产业链分工继续深化的一个重点领域。但在数字经济产业链中，目前，中美两国针对数据自由流动的规则存在巨大差异，将形成两套完全平行的产业链。原因在于：一方面，中美两国市场规模较大，都有一系列大数据、云外包、数字内容创造等方面的龙头企业，而欧盟、澳大利亚甚至日本在数字经济领域的整体竞争力要明显低于中美两国。因此，两国依托谷歌、腾讯等龙头企业建立数字经济跨国产业链。另一方面，中美两国对于数据自由流动的理念差异较大，拥有两套完全不同的规则体系。美国未来很可能会仿效芯片产业对中国遏制的思路，限制中国的数据服务企业进入美国乃至相关盟国市场，规则分化必然导致市场相互关闭，中美双方必然会限制对方的数据服务企业进入本国市场，就导致了两套完全独立的数字经济产业链的出现。

三、全球产业链重塑对货物贸易格局的影响

（一）全球货物贸易增速将呈现弱“V”型态势，且服务贸易增长快于货物贸易

全球产业链分工链条区域化、近岸化布局以及制造环节分工长度缩短将不断削弱货物贸易增长动能，地缘政治风险等因素也将对全球贸易产生持续不利影响，全球货物贸易将呈现弱“V”型态势，近年来，参与全球价值链的贸易总额[①]增速已经明显放缓，未来这种趋势将延续。WTO已经将2023年全球货物贸易增速预期下调至1%。根据UNCTAD-Eora Global Value Chain Database数据库测算，2000—2010年间主要经济体参与全球价值链的贸易总额年平均增长率普遍在10%以上，而2010—2018年间该指标则降至2%以下（见图1-5）。根据WTO发布的《全球价值链发展报告2021：超越生产》，1995—2008年，随着跨国公司产业链的全球布局加快，全球价值链的快速扩张带动了参与率上升，以贸易为基础的全球价值链参与率从35.2%上升至46.1%，以生产为基础的参与率从9.6%上升至14.2%，但截至2020年底，这两个指标分别下降至44.4%和12.1%。

① 联合国贸易与发展会议（UNCTAD）定义“参与全球价值链的贸易总额”（GVC participation）为一个经济体出口产品中来自其他经济体的增加值加上其他经济体出口中来自该经济体的增加值。

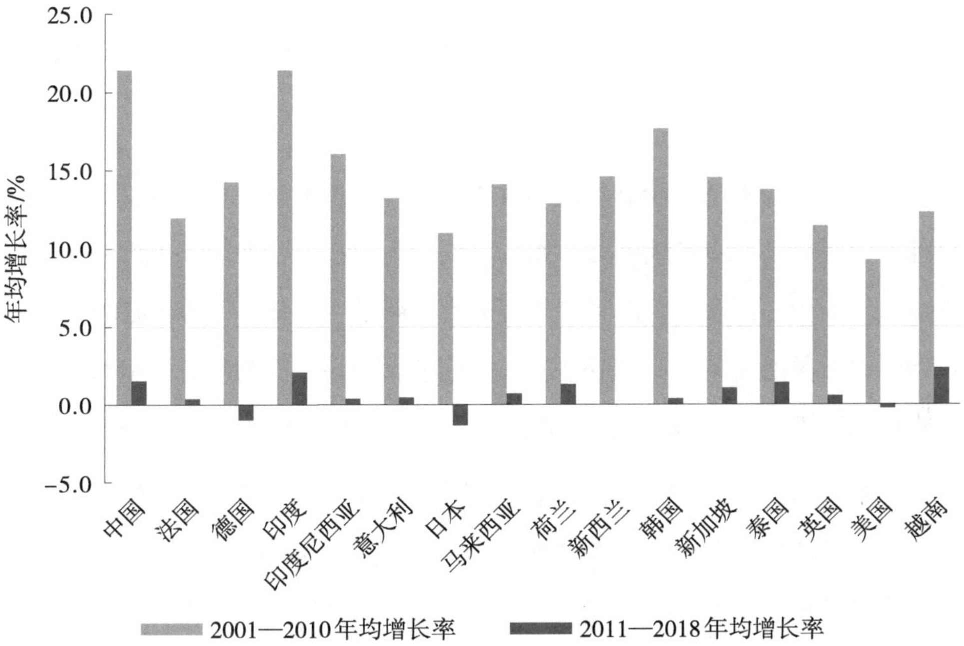

图1-5　主要经济体全球价值链贸易额年均增长率

数据来源：根据UNCTAD-Eora Global Value Chain Database数据库数据测算。

对比高度依赖交通运输、人口流动等的传统货物与服务贸易，新型服务贸易凭借零接触、跨时空、高效率等优势不断增长，尤其是数字技术的创新应用和数字经济的崛起为数字贸易等新型服务贸易提供了强大的推力。近十年，全球服务贸易平均增速是货物贸易增速的两倍，在国际贸易中的占比和地位稳步提升。有分析显示，2017年，广义服务贸易总附加值包括服务贸易、商品贸易中的服务、无形价值的转移以及跨境电子商务就已超过商品贸易。2022年，全球服务贸易增速达到15%，超过同期货物贸易10%的增速。贸易主体越来越重视产品全流程设计生产能力，利用数字技术合理切分企业内部运营、企业服务、供应链管理等环节，规避国家和地区之间地理分割障碍。根据WTO的预测，未来服务贸易占比还将持续提高，由2022年的22%提升到2040年的33%以上。

（二）全球三大区域生产网络内部贸易占比明显上升，其中东亚生产网络优势有望进一步巩固

根据WTO发布的《全球价值链发展报告2021：超越生产》，在21世纪初，全球产业链就已初步形成以美、德、日三国为中心的三大传统生产网络。其中以德国为中心的欧盟生产网络规模最大，而以中、日、韩为核心的亚太生产网络在中国加入WTO后迅速扩张，新冠疫情前该生产网络对全球的出口额占全球的比重已高达24.4%，与欧盟生产网络差距由2000年的17.9个百分点缩小至8.9个百分点。新冠疫情暴发导致各主要经济体产能严重下降、全球货物跨境流动严重受阻，各国政府从本国产业链安全性考虑，倾向于缩短产业链以防范全球产业链再次中断的风险，跨国产业链出现持续收缩趋势。东亚地区经济社会发展、中产阶级人口规模不断扩大而形成的区域消费市场为东亚生产网络保持一定水平的闭环循环奠定了基础。同时，东亚生产网络在全球三次产业转移过程中逐渐建立起相对独立的工业体系，也为该生产网络依托自身的要素禀赋构建合适的产业链体系以满足需求原材料供应、关键零部件制造到最终产品生产提供了保障。随着该合作网络内各经济体纷纷建立起本土供应链，东亚生产网络优势有望进一步巩固。

（三）中间品贸易占全球货物贸易比重将有所下降，新能源汽车等新兴产业链成为贸易主要增长点

中间品贸易增长放缓将是影响全球货物贸易增速的主要影响因素，中间品贸易占全球贸易比重将有所下降，其中技术含量相对较低的中间品贸易下降更为明显。主要原因一方面在于全球产业链分工链条整体收缩直接减少中间品跨境次数，拉低中间品贸易增速，参与全球价值链的贸易总额增速明显放缓。另一方面也在于随着中国成熟的中间品生产支持其制造部门的出口，

中国迅速向价值链的上游升级，中国对“全球价值链”的依赖程度降低，而参与这一价值链的东盟、墨西哥等其他发展中国家中间品贸易增量无法有效对冲中国中间品出口下降，全球中间品贸易整体出现持续萎缩情况。

随着交通、信息技术快速发展，技术创新逐渐活跃，加密算法、人工智能、数字通信等逐渐成为各国下一阶段重点发展的领域，新能源汽车、光伏组件、航空设备、智能机器人等新兴产业发展将进入高速发展期，与之相关的要素和商品流动也将推动全球贸易的持续发展。一方面，对于诸如新能源汽车、航空设备等依托已有生产网络逐步发展的新兴产业，各国政府均难以通过简单的政策引导同时影响产品生产的各个环节。仅从新能源汽车产业来看，包括锂、镍、钴在内的上游矿产资源开发，中游电池正负极、隔膜、溶解液、极耳制造，下游整车组装等，需投入大量资金并出台一套完整的产业发展政策体系方能完全掌控该产业链，但目前各国政府均不具备这种能力，因此中短期内跨国分工合作确保自身利益最大化是必然之举。另一方面，尽管原始创新、技术进步等高附加值服务环节仍然被美日欧所控制，如美国每年技术出口占全球1/3，但绝大部分技术仍需在新兴经济体实现大规模应用并最终通过投放到当地市场或输送回本土实现技术“从纸到钱”的闯关，而绝大多数新兴经济体由于生产技术水平与发达国家仍存在一定的差距，核心零部件及关键技术现阶段严重依赖美日欧授权，发达国家寻求技术变现和新兴经济体渴望技术升级的双重因素势必推动全球新兴产业贸易的不断发展。

（四）东盟、印度、非洲等新兴经济体在全球贸易格局中地位将有所上升

由于全球产业链中游环节尤其是劳动密集型制造环节的分工逻辑没有改变，拥有劳动力比较优势的发展中国家将更加广泛地参与全球产业链分工，

尤其是劳动密集型消费品加工组装环节，发展中国家在全球货物贸易中整体地位将不断上升，而东盟、印度、非洲等发展中国家和地区在全球贸易格局中地位将更加突出。一方面，东南亚国家、南亚国家、非洲国家以制度红利和要素红利为特征的综合营商环境优势不断提升，加之中国作为低成本生产中心的优势持续削弱，全球产业链制造环节“中国+N”的布局将给中国之外的发展中国家带来更多贸易流量。另一方面，中美战略博弈背景下人为累加的规则壁垒推动了跨国公司在中国以外的发展中国家布局生产，而且以美国为首的西方国家必然会利用俄乌冲突炮制和实施针对中国的各种经济制裁举措，进一步制造和放大中国产业链供应链不安全风险，跨国公司出于产业链安全考虑的多元化布局也会加快在中国之外的发展中国家布局。全球物流企业DHL与纽约大学斯特恩商学院联合发布了新版《DHL贸易增长地图集》指出，东南亚和南亚将成为新的贸易增长极，撒哈拉沙漠以南非洲地区贸易增长将大幅加快，至2026年，越南、印度和菲律宾的贸易增长速度和规模将相对更为突出。

（五）跨境电子商务等新型贸易业态所占比重将进一步上升

近年来，随着信息技术的迅速发展，以平台经济为代表的新型产业链合作模式逐步形成，其特征在于，某些平台企业虽然不负责产品的研发、生产等环节，但凭借互联网平台的巨大市场覆盖面，为各类制造业企业和消费者直接对接创造了良好的条件。通过各类制造业企业，特别是中小型制造业企业和消费者的多轮博弈，优质产品逐渐得到消费者认可，品牌价值也随之实现。因此，这种平台在某种意义上取代了传统产业链中的营销环节。由于这种新型产业链分工极大地降低了生产者和消费者之间的信息不对称程度，预计未来仍将成为产业链分工的重要形式之一，直接带动跨境电子商务等新业态发展。根据艾媒咨询发布的报告，预计2020—2028年，全球电子商务市场规模复合年增长率为15.8%，2028年将增长至33.3万亿美元，其中，B2B电子商务市场规模复合年增长率约为18.5%，2028年将达到25.7万亿美元，B2C电商市场规模复合年增长率约为9.4%，2028年将达到7.6万亿美元。

（六）全球经贸规则碎片化态势明显，跨国供应链安全等成为重要议题

全球经贸规则的走势是和全球贸易格局走势密不可分的。20世纪末以来，随着全球化的加速发展，大多数经济体均不同程度地参与全球性的产业链分工合作，以中间品贸易为代表的全球贸易额迅速增长，一度显著高于全球经济增速，推进了以贸易自由化为代表的全球经贸规则迅速发展。然而，随着未来多条平行产业链和区域性产业链的发展，各个区域性产业链的参与者为维护自身产业链的稳定，势必制定对自身产业链有利而排斥其他产业链的经贸规则，这将导致即便在同一类型的产业链中，也会有多个彼此互斥的区域性经贸规则存在，全球经贸规则碎片化将不可避免。从实践看，灵活运用国家安全、产业链安全概念是维护这类区域产业链相对独立、排斥其他同类产业链的最有效做法，因此供应链安全、国家安全、产业安全等安全议题成为各国在全球经济治理中相互博弈的重要领域。

四、全球产业链和货物贸易格局重塑对我国巩固产业链和贸易地位的影响

（一）积极影响

1.全球产业链区域化分散化有利于巩固新能源汽车等新兴产业的产业链在我国的布局，带动高技术产品出口，促进我国对外贸易提质发展

目前我国作为全球制造中心地位仍较为稳固，未来全球产业链区域化分

散化布局无法绕开我国，尤其是在新兴产业领域，我国在5G高速无线互联网设备和服务、人工智能、量子计算和其他新技术处于领先地位，在新能源开发、新能源汽车、智能电网、轨道交通等领域，无论是技术还是产能都处于领先地位，已经发展成为规模与深度兼具的制造基地。而绝大多数新兴经济体工业信息化建设尚处于起步阶段，数字技术、电子信息等高新技术产业与我国仍存在一定的差距，大规模布局新兴产业的基础尚不成熟。随着我国国内市场需求潜力的不断释放和消费需求的持续升级，我国能够为新兴产业快速发展提供强有力的需求端支撑，相关产业链为贴近消费市场、快速跟进不断升级变化的终端需求，将更加倾向于在我国进行布局。因此，新兴产业相关贸易将成为未来拉动我国对外贸易增长的重要动力，带动高技术产品出口。近年来，我国中等技术产品和高技术产品占总出口的比重均有较大幅度的提升，尤其是高新技术产品出口增势强劲，成为拉动全国商品外贸增长的新生力量。2022年我国高新技术产品出口额完成9 513.3亿美元，占我国出口商品总额的26.5%，中等技术产品和高技术产品逐渐取代低技术产品成为主要的出口类别。

2.我国数字经济优势凸显，有利于发展我国处于主导地位的新型产业链

我国数字经济近年来蓬勃发展，产业规模持续快速增长，2012—2022年，我国数字经济规模从11万亿元增长到50.2万亿元，已连续数年稳居世界第二位。一方面，我国在5G、新一代人工智能等第四次工业革命的关键领域，与美德日共同居于“中心”地位，有利于我国牢牢抓住新科技革命和产业变革的机会窗口，推进新一代信息技术、生物技术、新能源技术、新材料技术、智能制造技术等领域科技创新及其产业化发展，在全球数字经济相关产业链中拥有一定的控制力和主导力。另一方面，我国新型基础设施不断完善成熟，总体上形成了横向联动、纵向贯通的数字经济战略体系，数字化治理正向构建数字经济治理体系加速转变，数字产业发展环境良好，加上巨大的国内市场优势，能够吸引集聚必须贴近市场的人工智能、增材制造、生物医药等领域的创新要素，为相关产业链迈向中高端持续提供创新动力和市场空间，未来在数字经济相关产业链的全球布局中，我国完全有能力发展以我国为主导的新型产业链体系。

3.周边国家和新兴市场国家日益融入全球产业链有利于我国依托区域多边组织奠定在亚太区域产业链中的枢纽地位

RCEP、上海合作组织等平台有助于我国奠定在亚太区域产业链中的枢纽地位。RCEP覆盖范围是全球三大制造业中心之一，上海合作组织成员国又多是资源能源富集国，我国恰是联结这两个区域的地理中枢。从产业链角度看，我国既处于上海合作组织产业链的下游，又和RCEP成员国形成紧密的分工协作关系，互补性较强，将RECP的制造业竞争优势和上海合作组织的资源能源优势结合起来，完全可以发挥在区域生产体系中的枢纽作用，奠定我国在亚太区域生产链中的枢纽地位（见图1-6）。

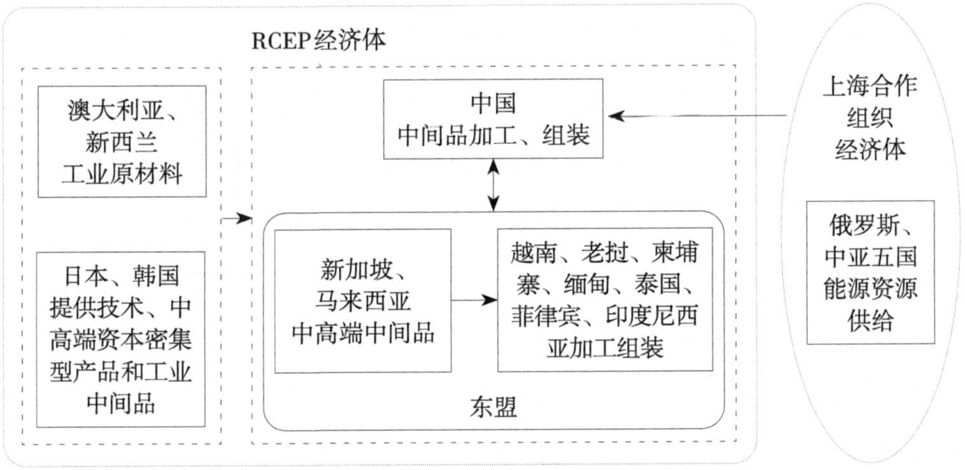

图1-6　我国在亚太区域生产链中的枢纽地位

“一带一路”倡议为我国积极构建亚太区域产业链开拓了更加广阔的回

旋空间。近年来，共建“一带一路”已成为我国稳固对外经贸合作基本盘的“压舱石”。2013—2022年，我国与“一带一路”沿线国家进出口总值从6.46万亿元增至13.83万亿元，年均增长8.6%，占同期我国外贸进出口总值比重从25%升至32.9%。2022年，我国企业在“一带一路”沿线国家非金融类直接投资1 410.5亿元人民币，较上年增长7.7%。随着发展中国家更重视提升技术创新能力和高端制造能力，部分共建“一带一路”国家开始更加深入参与资本密集型和技术密集型制造业产业链，国际贸易成为弥补共建“一带一路”国家创新能力不足和生产要素缺口的自然途径。随着我国和共建“一带一路”国家市场逐渐发展壮大，为亚太区域产业链提供了需求支撑，在一定程度上有助于亚太区域产业链形成闭环。通过共建“一带一路”国际产能合作，积极推进各种形式的国际区域合作，构建高水平自由贸易网络，我国可进一步提升在产业链制造环节的竞争力，尤其是创造出更高端、更具附加值的新兴产业，为我国建立以广大新兴经济体和发展中国家为主要参与者的区域产业链联盟体系带来巨大机遇。

4.我国依托共建“一带一路”制定新型贸易规则将面临重大机遇

随着全球区域经贸谈判的快速推进，贸易规则碎片化趋势将不断强化，尤其是各个区域生产网络的日益深化必然伴随着区域规则体系的跟进调整。伴随着“一带一路”倡议的持续推进，“一带一路”区域产业链分工合作模式对区域贸易规则协调提出了新要求，边境后相关区域规则体系的协调成为共建“一带一路”高质量发展的必然要求。截至2022年底，我国已与26个国家和地区签署19个自贸协定。亚欧会议（ASEM）、大图们倡议（GTI）、大湄公河次区域经济合作（GMS）、中亚区域经济合作（CAREC）等机制合作显著提高区域经济一体化进程。中国持续削减进口关税，自主将关税总水平从2010年的9.8%大幅降至7.4%，并与新加坡等共建“一带一路”国家建立了“单一窗口”合作机制、签署了海关检验检疫合作文件，有效地提高口岸通关效率，有利于我国更加主动地参与全球产业链供应链和创新链合作。截至2022年底，我国已与222个经济体签署经认证的经营者（AEO）互认协议，覆盖48个国家（地区），协议签署数量和互认国家（地区）数量均居世界首位。2022年12月，全国进口、出口整体通关时间分别为32.02小时和1.03小时，分别比2017年缩短了67.1%和91.6%，为我国家电、汽车等中高技术耐用消费品和环保设备、新能源设备等绿色产品走出国门提供了便利，对我国推进区域产能合作的标准体系、金融体系、监管体系等“软性规则”合作提供了必要支撑。依托“一带一路”规则体系协同发展，我国完全有能力与共建国家在新型贸易规则领域开展示范合作，率先达成共识，进而提升在全球贸易规则体系中的影响力。

（二）消极影响

1.短期内我国高技术产业链关键环节面临脱钩风险以及更多的市场壁垒，产业链升级和高技术产品贸易出口或受严重影响

在供给端，高科技领域领先企业面临被美国精准“脱钩”风险，加大了沿原有路径实现产业升级的难度。美国利用出口管制阻止我国科技企业获取先进技术、设备、零部件和原材料等关键要素，并通过管制项目和管制对象实现与我国高技术产业关键环节精准“脱钩”。此外，美国通过协调欧洲国家和日本等拥有先进技术的经济体共同实施对华出口管制措施，阻碍我国获得受管制的先进设备和技术，我国产业链升级所需技术和关键零部件、设备等进口受阻。以芯片设计和芯片设备供应环节为例，美国在芯片制造基础设施设计以及用于制造和测试的硬件工具方面人为制造“脱钩”，将导致我国在设计和建模软件的发展上难以超越美国，有利于维持美国目前在创新商业化方面所具有的领先优势，我国将很难超越中美技术实力差距。高科技领域“脱钩”将拉大我国与发达国家间的技术差距，无法再依赖过去“引进、消化、吸收、创新发展”的技术和产业升级路径。在需求端，美国及其盟友联合排斥我国产品，挤压我国产业升级所需市场空间，我国相关产品面临更多市场壁垒，严重影响产业链升级和高技术产品贸易出口。例如信息通信及相关产业方面，以华为为代表的中国企业生产的设备和服务成为美国对华“脱钩”的重点。此外，美国还将我国企业排斥在数字基础设施建设市场体系之外，或联合盟友确立一整套不兼容我国企业生产设备和服务的规则体系，完全将我国产品排斥在外，例如与日本和欧洲国家的海底电缆公司联手，阻止我国公司获取建设海底电缆的业务订单。

2.我国参与发达国家主导的全球产业链面临的规则壁垒有所上升

规则竞争将成为中美战略博弈下的主要工具。首先，发达国家关于数字经济规则竞争博弈将导致我国参与数字经济产业链面临较高的规则壁垒。数字技术的快速发展，移动互联网的普及极大地改变了生产方式，加速了全球产业链供应链创新链的重构，以电子商务和数字贸易为先导的数字经济迅速崛起，各国普遍加强了对数字科技企业、数字市场、数字安全和数字贸易的重视。主要经济体纷纷出台了数字市场、数字安全和数字服务方面的法律，加大了对数字科技企业的监管力度，有关数字基础设施、跨境电子商务、数字贸易和数字税等方面的技术标准和规则体系建设也成为国际社会关注和竞争的焦点，我国数字基础设施和产业在全球发展和布局将面临更加复杂的规则壁垒，尤其是互不兼容的数字经济规则体系将给我国深度参与数字经济产业链带来阻碍。其次，产业链绿色低碳发展要求和相关规则体系成为我国深度参与全球产业链的另一大规则壁垒。我国加快发展方式绿色转型，以负责任大国态度积极应对全球气候变化，制定了明确的双碳目标。但是我国产业链供应链创新链和贸易结构总体上仍然偏重型化，绿色低碳技术水平和标准相比欧美发达经济体依然明显滞后，绿色低碳发展法规政策和制度体系仍有待进一步完善，绿色低碳标准和规则将进一步加大我国应对各种挑战的复杂性。最后，发展模式、劳工标准、意识形态、价值观和地缘政治等非经济因素也会增加我国提升在全球产业链及贸易格局中地位的难度，我国将逐渐被排除在美国及其盟友的规则体系外。中美战略博弈下美国还将更多地运用规则工具限制我国产业升级以及压缩我国外部市场空间。

3.高技术产业和劳动密集型产业加工组装环节外迁趋势难以阻止，并进一步延伸到关键零部件制造环节

随着周边发展中国家和新兴经济体成本优势、营商环境、制度环境的提升，出于成本压力、规则利用和风险规避等考虑，我国相关环节的产能和贸易转移趋势将持续，尤其是高技术产业和劳动密集型产业加工组装环节的外迁趋势难以阻止。具体看，纺织服装产业链偏下游的劳动密集环节、家居用品产业链、化工制品类产业链下游环节、部分金属制品类、电子产业链下游环节是转出的重点行业。尤其是周边发展中国家高标准自贸协定的签署进一步提升了其制度环境优势，如近年来越南与各主要经济体签署的自由贸易协定带来的市场准入便利及关税优势促使其具备更大吸引力，包括CPTPP、RCEP、越欧自由贸易协定、越英自由贸易协定等，极大减少了越南与其他国家和经济体之间的关税等贸易壁垒，尤其是原产地累积规则也促使我国越来越多的企业将配套产品的加工环节转移到越南，通过供应链的本地化达到一定出口标准。同时，为分散产业链风险，规避西方国家规则壁垒，这种产能外迁趋势将进一步延伸到关键零部件制造环节，尤其是美国重点制裁的科技制造企业及其上下游配套企业，机电设备、计算机等制造业企业的关键零部件生产将成为未来转出的重点环节。

4.面向发达国家市场的跨国公司产业链有相当一部分将从我国转出，并与我国本土企业主导的产业链展开激烈竞争

从供给端看，发达国家制造业比较优势的提升以及产能的逐渐完备将进一步加快我国制造业尤其是中高端环节向其回流。新一轮科技革命和产业革命下产业链制造环节要素密集度逆转正在重塑发达国家要素禀赋，提升了发达国家制造业比较优势，并且发达经济体更加注重鼓励制造业回流的政策激励，发达国家在产业链中的地位将进一步提升。例如，美国的再制造战略着眼于创新发展新能源、新材料、生物技术等新兴产业，法国“工业振兴新计划”中的七大战略产业主要是知识与技术密集型产业。随着发达国家不断提升制造业发展的人力基础和基础设施，将有利于提升其在高端制造环节和战略性新兴产业中的优势地位。美欧发达经济体诸多企业纷纷将重要制造业迁回本土或邻近国家，美国五金巨头史丹利百得在北美地区布局配件工厂，奥地利摩托车品牌KTM、德国服饰公司Hugo Boss已将非洲工厂迁回欧洲。从需求端看，不断升级的个性化、体验化消费者需求为发达国家制造业回流、更好地贴近消费者进行生产提供了市场支持，我国相关产业链上的企业在需求端面临的国际市场竞争更加激烈。新科技革命推动消费者需求快速升级，随着万物互联和智能终端的普及，消费者需求呈现个性化和体验化的特征。同时，3D技术、大数据和云计算技术也为企业个性化营销和生产链条的缩短提供了技术支持，发达国家制造业产业链逐渐完备，企业可以快速响应消费者的个性化需求，使之聚合为具有一定规模、收益可实现的细分市场，个性化定制将日益成为生产的主流模式，发达国家在世界各地的跨国公司将制造业回流本国，就地生产可以更好地捕捉和满足本国消费者的个性化需求，我国企业在发达国家市场份额将有所减少。

五、新变局下巩固并提升我国在全球产业链和贸易格局中地位的思路和目标

（一）总体思路

产业是贸易的基础，贸易是产业的深化。新变局下巩固提升我国在全球

产业链和贸易格局中的地位，这两个任务既相互联系、相辅相成，又各有特点、各有侧重。总体看，应坚持以供给侧结构性改革为主线，以超大规模市场优势为依托，以高水平开放为保障，采取“分类施策、统筹内外、合作共赢”的总体思路，实现产业链提升与外贸提升相互促进的正反馈，推动我国在全球产业链分工中整体迈向中高端、部分产业链以我国为主导，实现由贸易大国迈向贸易强国。

1.“分类施策、统筹内外、合作共赢”的总体思路

按照“5 × 2”的框架分类施策。“5”即五类产业领域：一是数字经济及相关的数字贸易。这个领域与新一轮科技革命和产业变革紧密相关，是各国激烈争夺规则制高点的前沿领域，是我国具备较强竞争力的领域，也是跨境电商等贸易新业态新模式集中的领域。二是高技术产业及相关的先进技术产品贸易。这个领域包括电子及通信设备、计算机及办公设备、航空航天器及设备、生物医药、医疗仪器设备及仪器仪表、信息化学品等，是我国总体处于全球产业链中低端的领域，是我国遭遇越来越强贸易摩擦、技术壁垒和“卡脖子”问题的领域，也是我国实现科技自立自强的关键领域。三是中高技术产业及相关的货物贸易。这个领域包括家电、汽车、工程机械、高铁、电力装备、船舶等。我国在此领域已形成一批具有竞争力的跨国公司，相关产品和服务在共建“一带一路”国家中具有较高美誉度。四是劳动密集型产业及相关的货物贸易。这个领域虽然技术含量和贸易附加值不高，却是农民工就业的重要“吸纳器”，但近年来产业外迁趋势明显。五是资源密集型产业及相关货物贸易。这个领域本身产业链比较简单，但与我国实现“双碳”目标和保障能源资源安全紧密相关。“2”即产业政策和贸易政策这两类政策，在“5”类产业领域中，都需要这两类政策相互协调、紧密配合，才能共同促进我国产业链分工地位和贸易地位的提升。

按照双循环相互促进的要求统筹内外。一是推动内外贸一体化。过去，我国长期处于“两头在外、大进大出”的国际循环模式中，逐渐形成内外贸分割的管理体制和“重外轻内”的惯性，突出表现为外贸领域的法律法规比内贸严格，外贸产品的质量、技术等标准比内贸更高等。在构建新发展格局的新形势下，要提高我国在全球产业链和贸易格局中的地位，必须完善内外贸一体化调控体系，增强内外贸一体化发展动能，促进内外贸法律法规、监管体制、经营资质、质量标准、检验检疫、认证认可等相衔接，推进同线同标同质。这样做的好处，一方面为外贸企业更好开拓国内市场创造条件，增强外贸企业生存力和发展力，提升我国外贸国际竞争力；另一方面用外贸的“高标准”倒逼国内产品质量提升和产业升级，提高我国在全球产业链中的地位。二是保障内外资公平竞争。我国要提升在全球产业链中的地位和贸易地位，不仅不能排斥外资，反而要更大力度使用高质量外资，助力供给侧结构性改革。对于外资而言，我国的主要吸引力是超大规模市场，外资企业对我国的主要诉求是完善市场化法治化国际化的营商环境，保障与内资企业公平竞争。应持续加强外商投资领域法治建设，依法加强对外商投资权益的保护，持续稳定外商投资预期和信心，使外资企业成为我国深入联接发达经济体、吸引集聚全球优质要素、推动科技创新和产业升级的重要纽带与桥梁。

与各类经济体实现合作共赢。如果我国与其他经济体在全球产业链和贸易格局中的地位变化是“零和博弈”，那么我国地位提升就意味着别国地位下降，必然遭致别国的反对与重重阻力。事实上，通过适当的路径与制度安排，与发达经济体、发展中国家实现合作共赢是具备可行性的，我们“有饭吃”的同时别人也“有饭吃”，我们“吃得好”的同时别人也“吃得好”。对发达经济体，我国高技术产业发展面临的竞争加剧是无法完全避免的，要实现合作共赢，一方面着力“引进来”，吸引跨国公司投资，扩大自发达经济体进口；另一方面在高技术和中高技术产业领域推动错位竞争和第三方市场合作。对发展中国家，要充分发挥互补优势，以共建“一带一路”为主要平台，着力推进基础设施互联互通，打造我国企业主导的区域产业链供应链和贸易格局，促进当地工业化城镇化进程，实现共商共建共享。

2.在五类产业领域促进产业政策与贸易政策相互协调

数字经济及相关的数字贸易。产业政策方面，应以数据为关键要素，加强数字基础设施建设，协同推进数字产业化和产业数字化，赋能传统产业转型升级，培育新产业新业态新模式。贸易政策方面，应探索放宽数字经济新业态准入，引进全球服务业跨国公司在华设立运营总部、研发设计中心、采购物流中心、结算中心，积极引进优质外资企业和创业团队，在数字经济服务贸易方面提质增效；大力发展跨境电商，培育壮大一批跨境电商龙头企业、海外仓领军企业和优秀产业园区，打造跨境电商产业链和生态圈。

高技术产业及相关的先进技术产品贸易。产业政策方面，应加强企业创新主体地位，发挥新型举国体制优势，在关键核心技术领域取得自主创新突破。聚焦新一代信息技术、生物技术、新能源、新材料、高端装备、新能源汽车、绿色环保以及航空航天、海洋装备等战略性新兴产业，加快关键核心技术创新应用，增强要素保障能力，培育壮大产业发展新动能。在类脑智能、量子信息、基因技术、未来网络、深海空天开发、氢能与储能等前沿科技和产业变革领域，组织实施未来产业孵化与加速计划，谋划布局一批未来产业。贸易政策方面，鉴于美西方对我国科技创新和高技术产业遏制越演越烈，在近期千方百计扩大自发达经济体高新技术设备进口的同时，通过自主创新逐步加大芯片等的进口替代。加大招商引资力度，更好发挥外资重大项目作用，鼓励地方政府出台法律法规允许范围内的优惠政策，吸引外资高技术企业。同时，推动我国有优势的高技术产品深耕发展中国家市场，支持高技术企业与美欧跨国公司开展第三方市场合作。

中高技术产业及相关的货物贸易。产业政策方面，核心是通过补链强链和推动智能制造、绿色制造，提升产业链供应链现代化水平，巩固提升家电、高铁、电力装备、船舶等领域全产业链竞争力，从符合未来产业变革方向的整机产品入手打造战略性、全局性产业链。贸易政策方面，应主要面向共建“一带一路”国家，通过出台符合WTO规则的创新政策、补贴政策、通关便利化政策等，着力将家电、汽车等中高技术耐用消费品和环保设备、新能源设备等绿色产品培育成为我国主打出口商品。支持企业走出去，到共建“一带一路”国家建立制造基地，带动中高技术产品零部件以及技术、标准、服务出口，推动贸易投资融合发展。

劳动密集型产业及相关的货物贸易。产业政策方面，应坚持“能留尽留、不能留也要保持产业链合作”的原则，在沿长江经济带、沿珠江—西江经济带、沿新亚欧大陆桥重点布局沿海劳动密集型产业和加工贸易转移承接地，给予土地、财税、劳工等一揽子优惠政策，将那些主要面向国内市场需求的劳动密集型企业尽量留在国内。对于那些主要面向发达经济体市场、有意愿迁往东南亚及南亚国家的外资企业，推动国内企业充分运用RCEP原产地规则，加强与外迁企业的产业链上下游关联。贸易政策方面，应逐步提高劳动密集型产品出口质量标准，及时调整加工贸易限制类和禁止类商品目录，重点支持绿色化、高端化产品出口，提高劳动密集型产品出口附加值和效益。

资源密集型产业及相关货物贸易。核心是保障能源资源和粮食安全。产业政策方面，应坚持立足国内、补齐短板、保障供给、节约资源，保证煤炭、油气、电力、粮食主要依靠国内市场供应。贸易政策方面，应加快推进石油、天然气进口来源多元化，提升维护贸易通道和关键节点安全能力；培育国际大粮商，支持企业融入全球农产品供应链；扩大特色优质农产品进口，满足人民群众改善型多元化消费需求，但不能对国内农业形成显著冲击，尤其要保证口粮绝对安全。

（二）主要目标

长期以来，我国对外贸易领域的目标设计主要以规模指标为主，这是和当时以垂直专门化分工为代表的全球化深入发展趋势以及我国迅速融入全球化的大背景有着密切关系的。当前，随着全球产业链供应链格局发生剧烈变化，加之我国已经深度参与全球化，我国参与全球产业链供应链和开展对外开放合作的目标也需要逐步调整。首先，巩固并提升在主要产业链供应链中的地位是我国参与全球产业链供应链合作的重要目标；其次，我国在参与全球产业链供应链合作时需要充分考虑开放与安全、发展与安全的关系；最后，我国应更加重视对外贸易对我国经济高质量发展的贡献。

为此，笔者建议设定2025年和2035年我国参与全球产业链分工以及对外贸易发展的目标如下。

到2025年，我国在全球产业链供应链分工中的地位进一步巩固并有所提升，主要产业链关键短板得到一定弥补，创新力、附加值和安全性均有所提高。我国作为世界第一大出口国的地位进一步巩固，对外贸易的商品结构、目的地结构、所有制结构、区域结构进一步优化。对外贸易新业态新模式迅速发展，质量、品牌等参与国际贸易的新优势日益突出，自主品牌商品出口额占比显著上升。对外贸易安全性显著提升，贸易自由化便利化水平显著增强。

到2035年，我国成为主要产业全球产业链供应链分工合作的重要引领者，在产业链中基本不存在短板环节，拥有一批在全球主要产业链中处于主导地位的高水平跨国公司。我国在全球市场中的份额仍然稳定在15%左右[①]，稳居

① 测算结果表明，若不考虑美西方所设的各种壁垒，我国将在未来5～10年的新兴贸易品中获取主导权，我国完全有能力将出口占全球份额提高到20%以上。但考虑到在这一领域，中美大概率形成平行产业链，因此适度调低了出口占全球份额的预测数值。也有学者认为，如果美西方遏制力度足够强，导致我国在一定程度上丧失了新兴贸易品竞争力，所占比例还会进一步下降。但这种情况对我国经济发展的负面影响很大，暂时不纳入考虑。

世界第一位，作为全球货物贸易枢纽的地位进一步巩固。高新技术产品成为我国出口的主导产品，拥有国际知名品牌数量达到世界第一位。对全球贸易通道的影响力和控制力显著上升，贸易安全性大幅度提高。我国在全球货物贸易模式创新中的引领作用显著提高，人民币成为对外贸易主要结算货币之一，贸易自由化便利化水平达到世界领先水平。

相关指标如表1-2所示。

表1-2　我国参与全球产业链供应链以及对外贸易未来指标表

序号	指标	2020年	2025年	2035年
1	拥有的“隐形冠军”企业数量	—	较2020年 增长15%	较2020年 翻一番
2	被“卡脖子”的关键技术数量	—	较2020年 下降15%	较2020年 下降80%
3	《专利合作条约》(PCT)国际专利申请量(万件)	6.9	8	12
4	全球品牌500强中的中国品牌数量(个)	43	50	80
5	我国商品出口额占全球比重(%)	14.7	15左右	15左右
6	我国商品进口额占全球比重(%)	11.6	12左右	14左右
7	中西部地区货物贸易出口占比(%)	20.1	22	30以上
8	单位出口增加值(美元)	0.69	0.71	0.75以上
9	单位出口能耗	—	较2020年 下降10%	较2020年 下降20%
10	自主品牌产品出口占比	—	较2020年 上升5个百分点	较2020年 上升15个百分点
11	平均关税水平(%)	7.50	7～7.5	5以下
12	进口通关时间(小时)	72	68	60以下
13	出口通关时间(小时)	34.5	30	20以下

续表1–2

序号	指标	2020年	2025年	2035年
14	经常项目差额占GDP比重（%）	2.04	[–2，2]	[–2，2]
15	与“一带一路”沿线国家贸易占我国外贸比重（%）	30左右	32～35	40
16	“丝路电商”贸易额	—	较2020年增长0.5倍	较2020年增长2倍
17	人民币结算额在我国货物贸易中占比（%）	14.9	18	30以上
18	我国签署的自由贸易协定（FTA）数量（个）	16	20	24以上

资料来源：作者收集并整理估算。

六、新变局下巩固并提升我国在全球产业链和货物贸易格局中地位的重点任务

新变局下巩固和提升我国在全球产业链和贸易格局中的地位需要同时从产业链升级和贸易高质量发展两个维度发力，促进产业政策和贸易政策相互协调。一方面，要从巩固提升产业链地位着手，按照“5 × 2”的框架分类施策，着手于五方面产业维度，增强产业链“韧性”、“稳健性”和“黏性”，为强化在全球贸易格局中的地位提供根本驱动力。以提升产业链核心竞争力为主线，深化多双边产业、市场、技术、规则等领域合作，实施“反脱钩”战略，为产业链提升开辟更广阔的空间，成为全球产业链中重要的供给者和需求者，寻求有利的分工位置。同时，强化国内产业链优势环节的集聚效应，提升本地供应商的规模、水平与效率，提升国内市场与全球产业链的联通性，形成国内外产业链网络的正外部性。另一方面，提升我国在国际贸易格局中地位是为巩固和提升产业链地位而服务，应从贸易端提升要素流动对产业链

重塑的支撑能力，并从促进规制融合的角度为产业链不同环节的高效联接提供“制度黏合剂”。

（一）按照五大产业维度分类施策，以全面提升产业链核心竞争力为主线，打造参与全球产业链的战略支点，赢得参与全球产业链重塑的主动权

以自主创新为核心补齐高技术产业链“短板”，全面提升产业链核心竞争力。培育融入全球产业链分工体系的核心竞争力和新动能。加快补齐基础原材料、基础工艺、基础元器件、基础技术短板，在部分领域实施赶超，比如5G、数字经济、人工智能、先进制造等。提高技术标准，在基础研究和关键核心技术创新领域提供创新激励，大幅提升对核心技术、标准、生产工艺的掌控能力。组织政府、企业、科研机构等创新主体开展协同研发。加大对企业与科研院所联合进行基础工业能力技术突破的经费支持，对攻关难度高、市场应用空间小的技术突破发挥政府统筹协调能力，形成对此类技术领域研发创新的长效化资金投入机制。对于关键环节实施特殊支持政策，积极推动原始创新成果产业化，形成自主可控的产业链。充分运用技术标准、政府采购消费补贴等措施，引导市场扩大对自主可控产业链的需求。

聚焦中高技术产业生产效率和技术创新能力发展，锻造优势产业链“长板”。在高铁、电力装备、新能源、通信设备等优势产业领域，锻造一些“杀手锏”技术。引导企业将产品生产从中低端转向中高端，支持企业与工程机械装备生产企业联合开展传统产业设备国产化，逐步推动优势制造业由产品出口转向“产品+设备”出口。建立研发经费定向支持机制，支持中高技术产业龙头企业率先开展产品提质增效。发挥我国超大规模市场优势、塑造“中国制造”优质品牌形象，推进企业品牌建设，以国内消费者对高技术产品的需求变化来加速技术创新、提升产品质量和服务水平，倒逼产品和服务供

给侧提升。以“制造+服务”融合为特点推进中高技术产业链生态培育，积极利用工业互联网等新一代信息技术赋能新制造、催生新服务，加快培育发展工业设计服务、定制化服务、供应链管理、共享制造、检验检测认证、全生命周期管理、总集成总承包等服务型制造新模式新业态，促进制造业提质增效和转型升级，为制造强国建设提供有力支撑。

抓住产业链数字化、低碳化发展窗口期，提升参与重点行业全球产业链的竞争力。依托区块链、5G、工业互联网、人工智能等为代表的信息产业和以清洁能源装备制造、智能电网、新能源汽车等为代表的绿色低碳产业，打造具有全球竞争力的数字、绿色等重点产业开放枢纽。强化数字化时代开放门户地位，打造数字贸易国际枢纽港。推动数字贸易核心技术取得突破，加快5G重点技术研发，推进扩展移动计算、云端增强现实和虚拟现实等技术研发，加快城市大脑、移动支付、智慧金融、电商贸易等技术研发。加快建设数字基础设施，打造基于5G、量子通信、空间互联网等新一代的信息通信网络体系和算力平台、算法库、知识库等新型应用基础设施。积极探索数据跨境自由流动，依托重点开放平台探索形成高水平的跨境数据流动开放体系。率先构建绿色低碳产业体系，更具弹性、韧性的产业链供应链体系。推进脱碳产业技术、零碳能源消费、固碳资源供给、控碳服务支撑体系建设，打造一批零碳科技产业园和碳中和示范区。

保障重要能源资源产业链畅通稳定，统筹资源密集型产业链发展和安全。扛稳粮食安全重任，保障国家能源安全，确保产业链供应链稳定安全，实施粮食安全战略，确保口粮绝对安全、谷物基本自给、重要农副产品供应充足。实施能源资源安全战略，提升能源资源供应保障能力。增强能源持续稳定供应和风险管控能力。确保战略性矿产资源产业链供应链的安全可控。坚定实施走出去战略，开展国际化经营布局，通过直接投资、并购、参股等方式在海外进行资源投资开发，提高海外自有资源权益比重。

巩固和延伸劳动密集型产业链，保障产业链韧性和回旋空间。引导中西部地区有序承接劳动密集型产业转移，依托区域结构化差异扩展劳动密集型产业腾挪空间。支持加工贸易梯度转移，积极发挥加工贸易梯度转移重点承接地、承接转移示范地、加工贸易产业园等载体作用，优化区域产业链布局，充分发挥我国加工贸易产品博览会等作用，推动加工贸易业态模式、对接机制、政策协同等创新，提升中西部和东北地区整体承接能力。满足中高端市场个性化、细分化、差异化、定制化的新要求，进一步提升我国传统劳动密集型制造业企业的出厂标准。通过提升产品研发能力、高端原材料及零部件的生产能力，以及强化品牌运营和设计等环节来延伸产业链。依托RCEP、“一带一路”区域经贸规则、标准体系优势，拉长劳动密集型产业生命周期，增强国内劳动密集型产业体系的协调性、坚韧性和回旋空间。

（二）进一步优化国内对外开放区域布局，畅通国内外产业链循环，打造国内国际产业链战略链接点

优化国内区域产业布局和对外开放布局，推动国内不同区域间链接畅通，形成产业链内循环网络。引导产业合理有序转移，实现维护产业链供应链完整性，促进形成区域合理分工、联动发展的产业发展格局，进而形成区域发展更加平衡的对外贸易格局。依托区域结构多样性巩固劳动密集型产业链，引导劳动密集型产业重点向中西部劳动力丰富、区位交通便利地区转移。促进技术密集型产业链向中西部和东北地区中心城市、省会、副中心城市等创新要素丰富、产业基础雄厚地区转移，加快高端装备、航空等传统优势产业改造升级，建设国家重要的能源化工、资源精深加工、新材料、轻工产品等劳动密集型产业、绿色食品基地，以及区域性高技术产业、现代装备制造、能源原材料基地和先进制造业基地。东部地区强化关键核心技术创新，提升创新策源能力和全球资源配置能力，加快培育世界先进制造业集群。

发挥国内各类开放平台优势，畅通国内国际产业链协作。强化自由贸易港、自由贸易试验区、沿边重点开发开放试验区、国家级经济技术开发区、综合保税区等开发开放平台功能，推动贸易质量效益提升和产业链国内国际合作。积极发挥沿边重点开发开放试验区的引领作用，深化与周边国家的产业链合作，加强产业链上下游环节合作，打造跨境产业链供应链，以试验区带动沿边省区产业转型升级和提升国际化水平。大力发挥综合保税区等平台的政策优势，积极开展保税贸易、保税加工、保税维修、保税物流、跨境电商、跨境金融等产业，形成具有“保税+”特色的产业体系。发挥中国国际进口博览会、中国进出口商品交易会、中国国际服务贸易交易会以及中国–东盟博览会、中国–亚欧博览会等展会平台作用，促进全球和区域产业链供应链多元化、多层次、多渠道合作。

（三）采取反“脱钩”战略，积极构建区域产业链，以亚太为主拓展外部产业链地理空间

继续和欧美发达国家共同合作构建新型经贸网络和高水平产业链体系。有效管控中美矛盾分歧，从低敏感领域着手深化双边合作。以中美双方共同利益为纽带，做大中美合作蛋糕。继续执行关税排除清单制度，敦促美对华贸易政策回归务实正常化轨道，尽早减免对我国进口依赖较大商品加征的关税。促动美方主动减免对防疫物资以及生活必需品等商品加征的关税。加大中美双方绿色贸易合作力度，扩大与绿色能源产品、绿色技术相关的贸易。增进与欧洲发达国家产业链供应链领域沟通与交流，保障中欧班列、海运、空运等贸易通道安全畅通。深化汽车、医药、航空、精密仪器等传统领域的合作，推动建立绿色、数字等伙伴关系，拓展新能源汽车等新兴领域的合作，积极开展第三方市场合作。充分发挥中欧经贸高层对话作用，加强地方、企业等各层级的经贸交流，完善与欧洲国家企业家委员会合作机制。加大双方

相互开放力度，推进中欧地理标志协定全面实施，扩大双边农产品贸易规模，适时推动中欧投资协定签署生效。

积极推进共建“一带一路”高质量产能合作，把握RCEP实施机遇，加快建设亚太区域产业链。探索促进共建“一带一路”产业链供应链新型合作模式，通过已建成的我国境外产业园区、进园企业的本土化延伸发展，加强与共建国家产业链供应链的畅通衔接。利用RCEP原产地规则优惠拓展区域产业链。为企业提供RCEP区域产业链搭建服务，强化上游研发设计等技术密集型环节的区域合作，并将劳动密集型工序安排在其他成员国，延长RCEP框架下的区域产业链。完善同日本、韩国等周边经济体的经贸合作机制，将我国制造环节优势与日、韩等发达经济体服务环节优势整合。深化中日韩三国在汽车、机械、电子等制造业领域的合作，加强在大数据、人工智能、5G等新兴科技领域的合作。积极推进中日韩自贸协定，用好中日合作产业园、中韩合作产业园等平台，推动区域硬联通和软联通。积极引进日韩跨国企业在我国设立总部机构。深化与新加坡的经贸合作，主动借鉴新加坡发展的成功经验和模式，加强中国与新加坡在石油化工、电子、机械制造、生物医药等领域的合作，拓展在绿色、数字等领域合作。充分发挥我国在数字贸易领域的优势，重点面向东盟经济体开展数字经济合作，提升我国在东亚数字贸易网络中的地位。

（四）打造全球要素资源强大“引力场”，提升要素流动对产业链重塑的支撑能力

完善国内要素流动和集聚机制，畅通要素在全产业链流动。全球产业链分工强化了对资源和要素的可流动性的要求，要进一步强化国内高端要素自由流动机制，积极培育国内高级人才、创新技术、高端品牌、国际市场等高级生产要素，建立统一开放的技术市场、数据要素市场，保障人才、数据、

资金等要素自由流动。加大对教育的投资力度，深化教育改革，完善人才吸引、留住机制，为高级人才要素作用的充分发挥创造环境。完善要素分配机制，构建体现劳动、知识、技术、管理等多种要素价值的收益分配机制。提升国内产业链的集聚效应，通过集群化发展，强化国内企业上中下游配套能力，提升国内产业链的网络外部性，与产业链上游和下游环节保持更为紧密的关联，扩大外资企业市场准入，优化外商直接投资结构，集聚更多高技术含量的外资产业链长期布局我国。着力做好国内市场整合和内需潜力释放，增强对外资的吸引力。着力打造市场化、法治化、国际化的营商环境，整合全球优质要素资源和产能，给吸引来的要素资源以更多收益和回报，使我国成为外商投资兴业的“沃土”。

充分发挥贸易集聚高端创新要素的作用。立足国内大循环，协同推进强大国内市场和贸易强国建设，主动向外整合与集聚全球要素，帮助我国企业在全球产业链中成为资源、要素、资本、中间品、知识、技术以及服务的需求者与供给者的双重角色。积极发挥货物贸易进口端作用，进口关键资源、零部件、技术等，带动国内要素禀赋结构显著优化。对于面临中美贸易冲突和新冠疫情等外部冲击时脆弱性高、进行供应链备份的难度大、涉及国家安全和国家发展战略的中间品，进一步分散进口来源。充分发挥进口贸易平台作用，通过进博会、消博会和广交会进口展区等重要贸易平台，推动扩大先进技术、设备和服务进口，支持改善民生相关产品的进口。提升企业从国外获取优质资源和高质量中间品的能力，以及为其他企业提供优质资源要素的效率与质量。

（五）积极参与和引领国际经贸规则体系改革，从制度层面为巩固和拓展我国产业链合作空间提供更多机遇，降低参与全球产业链的制度壁垒

以“包容共享”为目标积极参与国际经贸规则重构。利用二十国集团

（G20）、二十国集团工商峰会（B20）、亚太经济合作组织（APEC）等多边机制开展围绕规则制定的国际协调工作。通过议程设置、规则制定、理念沟通以及制度性理念传播等方式影响国际规则的设计，将自身的政策话语国际化、合法化，逐步提升对国际经贸规则制定的影响力。打造对外开放的战略型智库，做好人才培养和对策研究，为科学决策提供具有前瞻性的政策建议和智力支撑。组织企业、协会积极参与国际规则重构谈判与沟通。加强对国际经贸新议题的深入研究，积极参与议题和规则制定，加强对外话语体系建设，形成与我国综合国力和国际地位相匹配的制度性话语权。

全力打造“一带一路”区域经贸体系，为区域产业链的构建奠定制度基础。推进区域产能合作的标准体系、金融体系、监管体系等“软性规则”合作，针对表述相对原则、政府自由裁量权较大的投资保护、支持中小企业、数字贸易本地化存储等条款开展系统研究，做好相关条款解读工作，最大限度减少政策不一致造成的执行混乱问题。积极推动RCEP相关规则落地生效并进一步升级。考虑到RCEP中诸多独特条款或将在短期造成部分地方政府或企业在解读落实过程中出现与已形成参与国际合作政策措施不一致问题，对国内现有法律法规和RCEP相关议题要求进行详细对标对表，确保现有法律法规在贸易投资自由化方面的承诺不低于RCEP相关文本要求。向各成员国公布我国推进经贸规则升级所取得的具体成果，提升我国在RCEP各成员国中的影响力。联合日本、韩国等发达经济体共同制定一批能力建设项目，尽快将专业服务贸易、经济技术合作、知识产权保护等各类概念性议题落实到细则层面，推动RCEP发展中国家成员对标对表RCEP相关要求，特别是将一些原则和理念付诸具体政策实践。聚焦进一步降低关税、扩大服务业开放、推动数字贸易自由化便利化等问题，推动各成员共同打造RCEP升级版协议的具体操作方案。积极推动加入CPTPP谈判进程，适当借鉴《美墨加三国协议》（USMCA）等美国主导的FTA中一些高标准条款，探索与部分外向型经济发展较为成熟的“一带一路”共建国家在国有企业、劳工、数字贸易、环境保护、知识产权保护等边境后议题率先签订新型经贸合作协议，积极推动以服务业和先进制造业为重点的投资壁垒削减进程，在维护好国家安全的情况下灵活提出能够被大多数成员国逐步接受的谈判方案。

着力深化国内改革以适应国际经贸规则重构与发展。从质量、服务、技术、品牌、标准等方面形成促进产业跃迁升级的内部规则体系，推动贸易投资领域实行更高标准的规则，找差距、补短板，深化行政审批制度改革，健全营商环境法规体系，严格规范市场监管，优化营商环境。着眼于国际经贸体系和贸易投资规则的调整，研究这些标准的影响和对策，推进建设与其相衔接的制度体系，认真审视我国各种隐性补贴政策和当地企业保护政策，择机推进更高标准的开放举措。以国际经贸规则重构作为推进国内改革的动力，健全同国际经贸投资规则相适应的体制机制。以推进市场公平竞争为核心理念，以对接国际竞争中立规则为目标，积极推进国有企业深化改革。在数字贸易规则的构建中积极承担重要角色，将数字贸易规则的构建与我国制度型开放紧密结合。提升劳工标准条款谈判的灵活性，将中欧投资协定劳工条款作为未来自贸协定的“模板”，并积极在国际上推广自贸协定的新型劳工规则。

七、保障措施

（一）优化跨境物流体系，加强国际物流保障

一是继续做好跨境物流枢纽建设。在广西、云南、新疆、内蒙古、黑龙江等省份打造以现代智慧物流业为主导、高端服务业为支撑、先进制造业为延伸的跨境物流网络，不断提升对东盟、中亚、蒙俄区域物流便利化水平，针对关键进口产品建立“绿色通道”，在降低人工检验造成的疫情暴露风险的

同时提高货物通关效率。

二是不断提升国内物流通道建设水平。加大对西部陆海新通道、中欧班列、中亚班列国内段重点基础设施建设的针对性支持，完善多式联运综合信息服务，实现铁路、物流企业、港口、海关、口岸等平台数据的共享和综合利用，破除铁路干线运力紧张、港口航道航线短缺等“瓶颈”，进一步完善枢纽经济产业链条。

三是发挥现代物流对产业向中西部转移的引领作用。着力解决跨行政区划的物流网络化和一体化水平不高、运输方式兼容性不强的问题，将以东部沿海地区为中心的区域物流体系逐渐向东中西部“多枢纽、宽覆盖”的全国物流体系转变，更好地支撑中西部产业链转移和供应链构建。

四是继续扩大中欧班列通达范围。积极推动中欧班列高质量发展，尽快打通中欧班列南部通道路线，为欧亚内陆国家提供进入波斯湾和太平洋港口的便利，增强同共建“一带一路”国家在物流产业等方面的联系与合作。

（二）打造一批产业与贸易协同发展的促进平台

一是提升各类平台对制造业发展的支撑作用。将制造业作为平台建设的重点方向，充分发挥“有效市场+有为政府”的制度优势，在借鉴发达国家园区建设先进理念的基础上制定便于生产要素进出和高效利用的专项管理制度，赋能平台产业发挥引领作用。

二是最大限度发挥国家级经济技术开发区产业创新优势。从实体经济、创新驱动、绿色低碳、协调发展等方面全面提升国家级经济技术开发区对建设现代产业体系的战略支撑作用，打造制造业高质量发展平台、培育壮大优势产业集群、推动数字经济和实体经济融合，为中西部省份承接产业梯度转移提供必要平台支持。

三是发挥“境内关外”类平台稳定国际产业链作用。统筹考虑各地区经济环境、产业基础、贸易结构、资源布局等实际情况，拓展综合保税区、海关特殊监管区等“境内关外”类平台业务类型，加快形成先进制造业的集聚区，国际物流集散区及服务外包承接区，构建“保税+”产业链，打造高水平双向开放平台。

四是依托边（跨）境经济合作区推进产业链区域延伸。大力推进进口资源、农产品落地加工等产业发展，增强边（跨）境经济合作区作为境内外物流节点的联运、转运和集散能力，促进与海外仓对接合作，发挥龙头企业引领支撑和中小微企业配套作用，不断拓展延伸产业链供应链，提升沿边地区承接内陆产业转移能力。

（三）不断提升贸易便利化水平

一是加快对接RCEP经贸新规则。抢抓RCEP协定生效机遇，用足用好市场开放承诺和规则，深度参与区域产业链供应链重塑，扩大优势产品出口和优质商品进口，持续深化与以东盟为重点的RCEP区域合作，加快推进互联互通水平，逐步降低贸易成本和提升通关便利。

二是致力保障外贸产业链供应链稳定畅通。进一步制定出台更多贸易自由化便利化措施，在市场准入、贸易自由化、报关报检等领域积极推动营商环境不断优化，加快培育跨境电商、市场采购贸易、离岸贸易等外贸新业态新模式，建立健全适应外贸新业态新模式发展的体制机制和政策体系。

三是“一链一策”打通关键产品进口“堵点”。为航空、集成电路、汽车制造等产业开通“绿色通道”，将便利化措施的惠及范围从制成品扩大至原材料、中间品及相关制造设备；对进口肉类、水产品、乳制品等，在通关过程中不再逐批审核卫生证书原件，进一步提升通关便利化水平；对于集成电路产业，继续在各类口岸推广货物口岸和属地查验协同，进一步降低口岸开拆带来的质损风险。

四是持续提升货物通关效率。在全国范围内推广“提前申报”“两步申报”“两段准入”“先放后检”等通关监管模式，支持信用等级企业采用“通关作业无纸化”作业方式，推动海关总署促进“外贸保稳提质十条措施”高效落地，推动高新技术产品的便捷通关和顺势监管，确保重点物资通关顺畅。

（四）强化提升产业链韧性政策支持

一是提升产业链外资利用水平。有针对性地拓展外资来源，支持外商投资企业在中高端制造、研发、现代服务等领域和中西部、东北地区加大投资，多渠道宣介我国在招商引资方面的各类优惠政策措施，积极搭建各类投资合作平台，为跨国公司和地方深度对接、精准沟通提供便利。引导外资更多投向先进制造业、数字经济、绿色能源等领域，借助优质外资实现补链延链强链。

二是进一步提升制度型开放水平。针对全球疫情造成的关键产业链落地难的问题，立足于新技术革命的最新进展和绿色低碳发展的时代趋势，加快对接最高水平的国际经贸规则，致力营造法治化、国际化、便利化的开放型营商环境，有序推进全球产业链上的国内外创新合作，积极引导各类生产要素向“朝阳产业”集聚，以制度型开放驱动与全球创新链的高质量嵌入，破解关键环节海外垄断。

三是推进服务业与制造业深度融合。按照构建现代化产业体系的要求，继续有序引导生产性服务业发展，为促进服务业和制造业深度融合提供支持与保障。把数字化转型作为制造业和服务业融合发展的主要抓手，通过工业互联网加快“上云”“上链”，利用数字技术对传统产业链供应链进行智能化改造，帮助企业打通生产堵点痛点，推动生产效率提升和供需协同。

四是做好新形势下中小企业纾困。围绕重点产业链提升金融服务的线上化和数字化水平，鼓励金融机构积极开展产品和服务创新，充分运用再贷款再贴现等货币政策工具将资金有效注入重点产业链上下游企业，提高产业链整体运营效率和运转能力。

（五）做好极端情况下的风险防范和应对工作

一是制定国家产业链供应链安全战略。建立高风险领域的“卡脖子”技术清单，做好对重点产业链、重点地区、重要战略通道等的规划、布局，特别是重要基础设施、关键技术、原材料、中间部件的供应安全保障，针对人工智能、5G、工业互联网、智能网联汽车、生物医药、网络安全等新技术的具体行业、具体领域出台切实可行的确保产业链自主可控政策举措，完善配套措施，确保相关政策能够落到实处。

二是对重点领域产业链供应链分类施策。针对重点产业链供应链短板，进行战略性系统设计与规划，着力完善和优化体系与结构，强化韧性与弹性建设。对于战略性物资加强战略储备，防止国外供给中断导致的国内供应不足，针对影响产业安全、信息安全、意识形态安全的产业链核心环节，制定好技术、信息泄露风险预警体系，坚持底线思维，健全产业安全审查制度，有效防范测绘信息、能源、经济等各类数据泄露带来的国家安全风险。

三是加快关键领域技术攻关。进一步加强国家层面的战略研究，深入、全面分析目前我国与发达国家在战略性新兴产业存在的实际差距，加大重大共性关键技术研究，以科研院所和领军企业为主导，联合产学研用各企业各机构，加快攻克基础材料、基础零部件、关键装备、工业软件等领域的“卡脖子”技术，鼓励有条件的省份组建产学研联合研究体，最大限度激发各类主体技术创新能力。

第二章
产业链分工和国际贸易格局演变的相互关系

内容提要：从全球产业链与国际贸易格局相关关系的论证分析来看，全球产业链分工是决定国际贸易格局的核心变量，对全球贸易格局演变趋势的分析需要以全球产业链为切入点，通过梳理近年来全球产业链重塑的动因、表现形式以及未来演变趋势，分析全球产业链格局的变化对国际贸易的多重影响，可以作为判断贸易格局演变的基本分析逻辑。

一、关于产业链分工和国际贸易格局演变的研究综述

通过融入全球贸易体系，积极参与贸易规则构建，促进国内外要素双向流动和资源高效配置，是我国融入全球产业链、深度参与经济全球化的重要方式和实现国内产业升级的重要路径。近年来，逆全球化、新冠疫情及新一轮科技革命等因素推动全球产业链从深度调整向加速重塑转变，导致国际贸易区域格局、商品结构、贸易形式及竞争模式不断演变。而诸如国际经贸规则、贸易摩擦、地缘因素等又会通过贸易格局的主动调整反作用于全球产业链布局，如国际经贸规则调整向区域内“高标准”和区域外“强排他”的方向演变，贸易摩擦加剧等因素推动区域内贸易的重要性日益提升，进而导致全球产业链布局区域化、本地化发展。因此，对国际贸易格局演变和全球产

业链构建两者相互关系和作用机制的研究一直是对外开放领域的研究热点。

（一）关于国际贸易基础和贸易格局演变的理论研究

关于国际贸易的理论研究起源于亚当·斯密的《国富论》，他提出了绝对优势理论，即分工能够提高劳动生产率，增加社会财富，按照专业化生产并出口绝对优势产品而进口绝对劣势产品的贸易模式，各国福利水平均会提高。英国学者大卫·李嘉图在绝对优势理论的基础上提出了比较优势理论，即在两国都能生产两种同样产品的条件下，其中一国在两种产品的生产上处于优势地位，而另一国在两种产品的生产上处于劣势地位，处在优势地位上的国家生产优势较大的产品，处在劣势地位的国家生产劣势较小的产品，两国均能获利。比较优势理论论证了贸易结构的差异不限于绝对优势，只要各国之间产品生产成本存在相对差异，就能够成为贸易结构差异的客观根源。瑞典经济学家伊·菲·赫克歇尔和戈特哈德·贝蒂·俄林在20世纪30年代提出H-O理论，从要素禀赋角度解释了比较优势的来源问题，对各国同种商品的不同生产成本的原因做了探讨，认为要素禀赋比率差异决定了要素价格比率差异，进而决定了产品成本和价格差异，密集使用丰裕生产要素生产的产品成本和价格较低、国际竞争力强，要素禀赋差异是贸易结构差异的直接原因。

比较优势可谓是国际贸易理论的基石，从大卫·李嘉图到伊·菲·赫克歇尔和戈特合德·贝蒂·俄林，比较优势理论及其变体一直在国际贸易理论中处于核心地位。新贸易理论出现以后，虽然提出了利用规模效应等因素开展国际分工的新方式，但在新贸易理论开创者保罗·克鲁格曼主编的最新版《国际经济学：理论与政策》中，比较优势理论仍然是基准的贸易理论模型，一直被用来描述与指导国际分工与构建全球产业链。而在这一国际贸易基础理论框架之外，诸多学者还将偏好、技术差距、产品生命周期、市场结构、人力资本等影响全球贸易格局的因素纳入国际贸易理论框架，进一步丰富了国际贸易理论体系的内容。

瑞典经济学家斯戴芬·伯伦斯坦·林德在1961年发表的《论贸易和转变》论文中提出偏好相似理论，他认为，一国工业品要成为潜在出口品，需先在国内形成生产能力并满足国内需求，再出口到国际市场，经济发展水平越相近的国家，人均收入水平也越相近，由此引致的需求规模和结构也越相近，相互之间的贸易需求也越大，从偏好的角度论证了经济发展水平和收入水平对贸易结构的影响。美国学者M.V.波斯纳（1961）建立了技术差距理论，指出创新国技术创新会使非创新国与其产生技术差距，创新国凭借技术优势出口产品至非创新国，非创新国通过学习模仿直至掌握该技术后，与创新国技术差距缩小直至消失，在此过程中，创新国出口和非创新国进口呈下降态势，最终，技术标准化和成熟化使产品成本成为决定贸易结构的关键因素，非创新国开始大量生产并向创新国出口该产品。为继续保持技术优势，创新国开始新一轮创新并出口，如此循环。

美国学者雷蒙多·弗农（1966）在技术差距理论基础上提出了产品生命周期理论，他认为，在产品创新时期，产品表现为技术密集型，在产品成熟时期，产品表现为资本密集型，在产品标准化时期，资本投入固然很重要，但非熟练劳动投入大幅增加，产品的成本和价格在贸易格局的形成中作用更大，企业会选择在生产成本最低的地区从事生产活动，生产会向发展中国家转移。因此，发展中国家的贸易结构优势在于生产技术已经标准化的产品领域中。

保罗·克鲁格曼等（1989）在研究发达国家间产业内贸易成因的过程中引入了规模报酬递增的影响因素，他指出，若某一产品的生产过程存在规模报酬递增，那么从国内市场到国际市场的市场规模扩张为生产规模扩张以及成本下降提供了条件，一国会按照比较优势原则进行专业化分工。同时，由于产业内产品的差异性和多样性，任何一国都不能囊括一个行业的全部产品，各国将各自专业化生产某些差异性产品再进行交换以满足多样化需求，这就是产业内贸易的根源。因此，一国外贸结构受其规模经济和产品差异性影响。

（二）关于全球产业链及其演变趋势的研究

全球产业链是指在全球范围内为实现某种商品或服务的价值而连接生产、销售、回收至处理过程的跨企业网络组织，它包括所有参与者和销售活动的组织及其价值、利润的分配。产业链的思想起源于英国古典经济学家亚当·斯密有关分工的论述。早期的西方经济学家认为产业链主要是制造业企业内部的活动。随着资本主义生产的扩大，新古典经济学派代表人物阿尔弗雷德·马歇尔把分工扩展到企业与企业之间，强调企业间分工的重要作用，这应该是现代产业链理论的真正来源。

长期以来关于全球产业链的构建及其演变的研究并不成系统，产业链并没有被作为一个独立的经济组织进行系统研究（张伟、吴文元，2011），大多数研究将重心放在产业链的表现形式上（邵昶、李健，2007；程宏伟等，2008）。对产业链研究真正关注的是在改革开放后的中国，国内学者根据不同的研究背景和视角对产业链给出了不同定义，在分析不同定义异同的基础上，刘贵富（2006）将产业链的定义归纳为：产业内或产业间不同企业，以产品为对象，以投入产出为纽带，以满足用户需要为目标，以价值增值为导向，依据特定的逻辑联系和时空布局形成的上下关联、动态的中间组织。

全球产业链整体上一直处于动态调整中，受多重复杂因素影响和冲击，但其演变也遵循一定的内在规律，比较优势成为产业链各环节在国家或地区之间进行空间配置的决定性因素。二战后至21世纪初，发达国家一些劳动密集型产品或生产区段逐步缺乏市场竞争力，与此同时，一些发展中经济体为寻求经济增长新契机，纷纷打开国门，通过扩大和加深与国际市场联系来谋求发展，利用廉价土地和劳动力优势适时调整经济发展战略。世界经济两大板块的新变化因素互动碰撞，构成了产品内分工现象大范围产生的基本背景。

2008年国际金融危机爆发后，全球贸易增长持续低迷，以大规模的跨国投资驱动、高增长中间品贸易为特征的全球价值链步入深度结构调整期，原有的以“消费国—生产国—资源国”为核心链条的全球产业链和贸易“大循环”愈发不可持续（余振、刘李威，2020）。

2008年的国际金融危机是全球产业链发展的转折点，全球产业链的演化受到多重力量的冲击。数字化、绿色化的技术转型对全球产业链产生较大影响，一些新技术新业态正在加速孕育，世界主要国家纷纷围绕核心技术、顶尖人才、标准规范等强化部署，力图在新一轮国际科技和产业博弈中掌握主动权。全球产业链出现分工进一步深化、区域黏性增强、产业互联网平台发展和用户导向突出的特点，价值链流向前端、中端和末端三个关键模块，导致价值链出现前端、中端和末端同时抬升的趋势，即价值链趋平（周静，2016）。

在新冠疫情的冲击之下，全球产业链重构的步伐又呈现一些新变化和新特征。以前全球产业链的发展与布局主要基于效率考量，未来将会强调安全与效率兼顾，产业链重组将更加突出内向化布局，这种重组将在企业和政府两个层面展开，在企业层面，一些跨国公司基于“产业链安全、可控”的考虑，改“外包”为“内包”，在政府层面，一些国家已经并将继续出台重组产业链政策（刘志彪，2020）。郑健雄、方兴起（2020）也指出，一国对经济的考量不能仅局限于经济效率问题，还应重视自身产业链的完整与自主控制性，这涉及国家经济安全。新冠疫情将成为继国际金融危机、贸易保护主义、地缘政治冲突之后对全球化的又一次巨大冲击，全球化退潮的速度会进一步加快（何帆等，2020）。龙永图（2020）指出新冠疫情对一国产业链的影响取决于三方面因素：一是这个国家的制造业是否强大；二是这个国家的市场规模大小，在企业决定选择方面，任何成本因素都比不上市场需求这个因素的作用大；三是这个国家的投资在经济增长中发挥着怎样的作用。黄奇帆（2020）认为，中国在疫情控制上所取得的成就，正在使世界产业链中心转向中国。

（三）关于贸易结构演化和全球产业链变迁相互关系的研究

1.全球产业链重塑对国际贸易的影响研究

全国产业链分工是决定国际贸易格局的核心变量，产业链分工体系的不断细化带动了中间品贸易的增长。而产业链分工体系的调整必然带来国际贸易结构的相应调整。发达国家和发展中国家要素禀赋的结构性变化、发达国家再工业化战略等因素必然改变各国参与产业链分工的基础。近年来，去全球化、贸易保护、疫情防控等也对全球产业链布局和贸易格局产生了重大影响。新一代信息技术发展不仅推动产业转型升级，进而影响产业链布局，还通过技术进步持续降低交易成本，引发贸易模式、贸易业态的创新，如跨境电商的迅猛发展。同时也改变了贸易形式、贸易对象的范畴，如数字贸易作为新型贸易方式，大幅降低贸易成本，以其高效性促进资源在世界范围内得到合理优化配置，促进国际贸易多元化发展。服务外包在国际贸易中的比重逐步增加，进一步推动中间品和服务贸易壮大。

后疫情时代，全球产业链重构将总体呈现出本土化、区域化、多元化的发展趋势。刘志彪（2020）认为，早期由西方发达国家主导搭建的国际产业网络将发生猛烈的规模缩减、范围缩小、地理变更和形式变化。美日欧将更加强调实体经济尤其是制造业创新在现代经济增长中的地位和作用，从而加速制造业回流本国的进程。李雪和刘传江（2020）指出，后疫情时代全球产业链重塑将由应对疫情进行被迫调整转变为有计划的遵循风险最小化的原则驱动产业链“国内化”或“区域化”。石建勋等（2022）认为，新冠疫情使第四次全球产业链重构将更加重视产业链安全稳定、更易受到国家政治力量推动，具有大国竞争的政治化、全球经济治理体系碎片化和反“雁型模式”等新特点。屠新泉（2021）认为新冠疫情作为21世纪以来最大贸易衰退的外部因素，让各国都认识到过度依赖全球供应链的脆弱性。部分学者从不同国家未来产业政策调整方面论证后疫情时代全球产业链重构。张越等（2021）认为，新冠疫情暴露出的供应链问题让美国意识到本国产业链和供应链方面的短板以及对于竞争性国家的过度依赖。因此，美国强化了对于弹性供应链的建设，以形成其在国际战略格局中的优先地位和有效卡位，保障其在国际政治、经济等各个领域的竞争优势。韩萌（2021）指出，新冠疫情蔓延引发欧盟对“生产安全”的空前重视，全球产业链的风险性和脆弱性也进一步加剧了其对于当前产业链布局的反思，中欧产业链重构趋势开始显现，而重构所引发的风险也随之上升。

王梅婷（2022）指出疫情下全球供应链中断带动欧美加快调整供应链布局，增强了国际贸易区域化趋势。欧美国家将引导跨国公司评估供应链安全性、稳定性，备份多条供应链，降低危机下的断供风险，带来贸易网络结构变化。唐宜红和张鹏杨（2020）认为，全球化分工进程放缓，全球供应链收缩和全球产业布局加快重构成为当前全球化的重要特征，世界布局的全球化开始向区域布局转变，而区域布局也成为全球化的延续，全球化范式的深度变革将导致全球贸易保护发展的新趋势。赵丽娜（2021）认为全球疫情的暴发和蔓延严重阻碍了国际经贸活动，人员流动、货物贸易、全球供应链等遭到冲击，服务贸易跨境流动受阻，进一步加速逆全球化趋势，并促进国际经济秩序的重构。易宇和周观平（2021）认为后疫情时代以短链化、区域化、增加值集中化和治理模式变革为主要特征的全球产业链重构趋势，将对我国经济发展和参与国际分工带来重大影响，但亦为我国依托生产要素保障、产业支撑体系和产业优化创新能力优势建设制造强国，推进产业基础高级化、产业链现代化，参与全球价值链、实现产业链高端跃升带来发展机遇。

2.贸易格局对全球产业链布局影响的研究

关于贸易结构、贸易模式等与全球产业链布局的理论和实证方面的研究大多是从某一个角度进行论述，或从国际产业关联、经济全球化方面，或从贸易结构的某一方面，或从比较优势、要素禀赋方面，或从技术进步、制度创新方面，但基本没有系统地分析贸易格局、贸易模式等的变化与产业链相互作用机理。古典和新古典经济学理论认为，供应链或产业链环节越多、分工流程越长，生产分工效率越高。亚当·斯密将分工效率视为驱动国际贸易发展的核心因素，他视劳动分工为国民财富增长的源泉，并在《国富论》一书中提出“劳动生产力最大的增进，以及运用劳动时所表现的熟练度、技巧和判断力，似乎都是分工的结果”。庞巴维克在1889年提出迂回生产（Roundabout production）理论，他认为先制造生产工具，再生产产品的“迂回生产”更有利于提高劳动生产率。古典贸易理论在殖民时代宗主国与殖民地之间的垂直分工关系中有深刻体现。虽然殖民主义时期的垂直分工体系具有一定的掠夺色彩，但分工的扩大和生产环节的延长对于世界市场的形成起到显著促进作用。俄林（1993）指出，国际贸易理论仅仅是一般区位理论的一部分，然而，贸易理论和区位理论之间一直缺少显著的联系，空间区位因素一直被排除在主流贸易理论之外。在李嘉图模型中（李嘉图，1817），国家间相对技术差异产生了比较优势进而决定了生产的区位模式，这种差异越大，生产将会越倾向于集中。在赫克歇尔–俄林模型中（赫克歇尔，1919；俄林，1933），要素禀赋才是决定生产区位模式的关键。因此，在传统贸易理论中认为国际贸易将会导致生产集中于那些拥有较大比较优势的国家，全球产业链的空间分布和集聚取决于国家间要素差异性。但要素禀赋对产业链空间分布的影响只能在基于完全竞争范式的传统经济理论中得到解释（藤田、莫里，2005），比较优势不足以解释现实中全球产业链分布中存在的产业集聚等现象，特别是有许多毫无比较优势的地区发展成为生产中心（克鲁格曼，1998；施穆茨勒，1999）。

新贸易理论改变了规模报酬不变的前提，在两个国家、两个生产部门的模型中，两国不存在要素禀赋差异，因而不存在比较优势，但一个生产部门是规模报酬递增、存在贸易成本的垄断竞争部门，另一个生产部门是规模报酬不变、无贸易成本的完全竞争部门，规模报酬递增部门将集聚于那些接近较大市场的地区（克鲁格曼，1980；赫尔普曼、克鲁格曼，1985），这主要是规模经济和贸易成本互动的结果，规模经济使企业将生产进行集中，但生产的集中增加了向其他地区销售的成本，因此，贸易成本的存在使得企业倾向于向大市场集聚。新贸易理论在一定程度上解释了贸易对产业链布局的影响，但实际上是假定了而不是解释了企业分布的国际差异（内亚里，2001），仍然无法解释为什么两个完全相似的区域发展出了不同的生产结构和专业化模式。

传统贸易理论和新贸易理论不仅解释贸易如何影响企业生产布局决策上存在不足，并且它们重点关注的是国际层面上产业的集聚和分散布局及其导致的国际不平衡。后来的新经济地理学则明确了贸易影响产业链布局的机制。在规模保持递增和贸易成本存在的条件下，企业和劳动力倾向于向大的市场集中，而大市场又将进一步吸引更多的企业和劳动力，这种循环累积机制导致了均质空间的生产内生差异，从而决定了产业链区位布局（布雷赫特，1998；韦纳布莱，1999）。早期的新经济地理学对这种循环累积机制的阐述又分为两种：区际劳动力流动（克鲁格曼，1991）和前后向关联（韦纳布莱，1996）。在克鲁格曼的模型中，区际劳动力流动产生了循环累积因果效应，从而降低贸易成本，有助于工人和企业的集聚。但这一结论适用于发达国家，不适用于发展中国家，因为即便存在较高的区际贸易成本，发展中国家仍出现了较大城市的生产集聚，区际贸易成本并不是生产活动分布不平衡的必要条件（贝伦斯，2003）。韦纳布莱则指出企业之间的前后向关联类似于区际劳动力流动，也将产生循环累积效应从而导致产业活动的集聚。

一般而言，贸易格局的变化对全球产业链的反作用机制基本是沿着以下路径进行，即外部冲击因素引发贸易结构、贸易方式发生了与各国原有产业结构、成本优势相背离的调整，进而引致产业链布局顺应这种贸易格局的变化进行相应的调整，这种调整是基于比较优势、规模经济等国际分工核心动力以外的因素进行的被动调整。因此，对于导致贸易格局发生变动的外部影响因素的分析就显得格外重要。一方面，部分学者从制度因素出发，研究制度成本、交易成本的变化对贸易格局的影响，进而对全球产业链布局带来的影响（王若兰，2020）。如区域经贸协定会通过制度成本对贸易区域结构产生影响，自由贸易区的建立通过贸易创造和贸易转移两种效应引起贸易区域结构的变化，进而间接对区域产业链布局产生反作用（庞中英，2018）。特别是在全球化受阻的情况下，相应的区域协定、区域安排的重要性在不断提升，引致产业链的区域化发展（屠新泉，2021）。另一方面，诸如地缘政治和摩擦等非经济因素也会对贸易格局带来冲击，而这些非经济因素的干扰通常会产生不利于自由贸易格局发展的结果，如在经济政治化、政治经济化的大环境下，各国纷纷开始采用经济手段达到其政治目的，或以政治策略干扰贸易格局的自由变迁，如采用经济援助、经济制裁等手段干扰原有的贸易格局，进而导致产业链被动调整，而这种调整通常都是不利于各国福利水平提高的（张瀚文，2021）。

二、后疫情时代全球产业链加速重塑对全球货物贸易格局演变趋势的影响

新冠疫情冲击使全球产业链中的一些问题加速显露，全球产业链面临断裂风险，叠加逆全球化等影响，提高产业链韧性的需求驱动，与来自全球经济治理体系重塑、可持续发展的迫切需要等压力相叠加，全球产业链的重组、区域生产体系重要性进一步上升和多元分布弹性布局的发展将重塑全球贸易格局。

（一）全球产业链重塑的三大基本影响因素分析

早在新冠疫情暴发前，全球产业链重塑大趋势就已凸显，新一轮科技和产业革命催化全球产业链升级演变，发达国家制造业回归、贸易摩擦催生产业布局逐步调整。

1.新一轮科技革命催发新产业新业态出现，形成新的产业链分工模式

新一轮科技革命引发的产业变革加速推进，主要发达国家纷纷围绕核心技术加强部署，确保在新一轮国际科技和产业博弈中掌握主动权，不同国家间的资源禀赋优势发生变化，直接推动全球产业分工格局发生变化。特别是随着信息技术迭代创新加速，全球产业链呈现本土化、数字化、平台化、高价值化的新特征。全球产业链为追求更低要素价格而远距离拓展，呈现本地化、区域化、智能化生产。数字化供应链大量涌现，跨国企业应用区块链技术打造采购合约系统，在契合风险分散需求的同时，有效促进了产业链高效运转；以平台型企业为核心通过资源整合，聚合跨国上下游企业向规模化、集群化、专业化方向发展。国际产业分工从要素分工向技术分工转变，全球产业链表现为向从低到高的创新链模式演进，呈现出高价值趋势①。

2.发达国家推进再工业化趋势日趋明显，带动产业链结构性回流调整

信息技术革命的迅速发展推动全球产业链内部分工体系不断成熟，发达经济体的大型跨国公司将产业链切割成若干可以独立运行的模块，然后将不同的模块布局到各个具有比较优势的经济体，我国以及其他发展中国家和新兴经济体制造业迅猛发展，而发达经济体除部分高附加值中间品制造环节之

① 产业链高价值趋势一方面指通过深度技术分工实现向中高端高附加值环节跃升，另一方面指在技术多元创新的背景下，全球产业链分工不仅仅表现为各国以要素禀赋特征为基础的分工，还更多地体现为技术创新链不同环节的协作分工，这种创新链分工创造出的附加值高于要素分工模式下创造出的附加值。

外，绝大部分最终产品甚至部分中间品生产环节均转移到新兴市场国家，呈现出明显的“中低端制造环节空心化”现象。2008年国际金融危机爆发后，欧美等发达国家纷纷提出“再工业化”战略，以重夺国际制造业竞争主导权。美国出台《制造业促进法案》，推出“先进制造业伙伴关系计划”，通过全面改革打造企业总部基地、创新基地和制造企业首选之地，重点发展智能制造、新能源、生物技术等高附加值制造业；欧盟提出由绿色能源和数字制造等先进技术引领的“新工业革命”；德国发布《国家工业战略2030：对于德国和欧洲产业政策的战略指导方针》和实施“工业4.0”；英国实施“高价值制造”战略，重点发展超低碳汽车、生命科学医药以及尖端制造业；法国提出“新工业法国”计划，建立战略投资基金，用于发展能源、汽车、航空等战略性产业；日本提出“复兴战略”等。由于欧美国家在全球产业链中具有举足轻重的地位，这些支持制造业回流举措深刻影响了20世纪90年代跨国公司主导下以成本最小化为目标的全球产业链的空间布局，逐步改变了原有的全球产业链分工体系。

3.贸易保护主义盛行，引发全球产业链出现去全球化趋势

随着全球产业链分工体系的深化发展，国家间经济利益分配失衡问题加剧了国际政治博弈，特别是随着新兴发展中国家①逐渐从全球产业链的中低端向中高端迈进，以美国为首的发达国家的垄断地位受到严重威胁，进而主动调整全球产业链格局和分工以限制新兴发展中国家的产业升级。逆全球化浪潮使全球化由高速推进期进入调整期，各国贸易保护主义政策明显增多，严重侵蚀了国际分工体系的基础，影响了全球产业链的稳定性，进而引发全球产业布局的深度调整。由跨国公司主导的全球产业链也在一定程度上表现出

① 新兴发展中国家和新兴市场国家都属于发展中国家，新兴发展中国家指在全球产业链分工中加工制造环节逐渐向中高端研发设计、高端制造环节跃升的发展中国家。例如俄罗斯是新兴市场国家，但从在全球产业链分工地位来看，它不是新兴发展中国家。新兴市场国家有官方出处，新兴发展中国家的说法比较偏学术研究化。

“去全球化”的趋势，面临着收缩、重组甚至断裂的重大危机。2008年国际金融危机后全球经济增长放缓，贸易保护主义抬头，民粹主义兴起，进一步加剧了逆全球化浪潮。

（二）新冠疫情冲击下全球产业链重塑面临更多不确定性

新冠疫情的暴发无疑给全球产业链重塑带来了更多不确定性。全球产业链布局的基本驱动力不再完全遵循成本最小化原则，产业链安全和弹性布局将成为未来全球产业链整体布局的首要原则和要求。同时，技术进步存在大量不可预测性，导致对未来新产业链的内在布局逻辑很难准确判断。因此，对全球产业链未来变化趋势以及货物贸易格局的研判难以在固有的理论框架体系下找到完全适用的分析逻辑。

1.新冠疫情冲击使全球产业链加速重构

新冠疫情对全球产业链的冲击不再是短期和局部的：新冠疫情进一步增强了发达国家要求制造业回流本土的战略诉求，不仅强调高端制造业回流，广义安全产业也要求本地化生产；全球产业链在新冠疫情冲击下的脆弱性凸显，单一来源的供应商或专门生产特定产品的区域暴露出意想不到且影响深远的脆弱性，造成全球产业链的断裂和崩溃，国际分工的动力不再以生产成本作为资源配置因素，而是考虑产业风险、国家产业布局等综合因素，以跨国公司主导的全球产业链在全球范围内重构逐步开启，全球经济系统面临重大变革。

2.产业链近岸化和多中心化布局、区域经贸合作机制加快构建，推动产业链加快区域化重组，区域生产体系间的割裂进一步加重

此次疫情在全球范围内的快速蔓延，暴露了当前全球化在产业链、供应链、人员流动等领域的弱点，也导致发达国家产业链空心化的负面影响凸显。各国对现有产业链脆弱性的深入认识推动全球产业链的重构进程进一步加快，各国更加强调产业链的安全和弹性，发达经济体产业链回流趋势加速，未来产业链分布将呈现本土化、周边化和区域化特点，产业链布局将不再完全遵循成本最小化路径。发达经济体跨国公司出于对产业链安全的考虑，倾向于将原有散布于各国的跨国生产体系进行收缩和区域化重构，或将关键产能回迁至本国或邻近国家和地区，产业链分工的成本优势逐渐消失，产业链近岸化、区域化布局特征更为凸显，区域生产体系成为全球产业链分工体系的重要支柱，跨国公司主导的碎片化生产布局将逐渐向北美、东亚、欧洲三大区域生产体系收敛。鉴于跨国公司对产业链布局的安全、弹性的考虑，产业链在不同区域生产体系中进行多中心重复化布局将成为必然趋势，这一趋势将使区域生产体系各自的独立性进一步强化，区域生产体系之间的割裂进一步加重。

3.中美大国博弈背景下产业链政治联盟化特征明显，出现以价值观和制度作为构建产业链联盟的趋向，产业链断链风险上升

新一轮全球产业链重构明显带有大国竞争的政治特点。一些发达国家凭借在全球产业链的领先地位和主导作用，从大国竞争的政治利益出发，无视全球产业链分工给各国带来的互利共赢的基本事实，强行改变产业链布局甚至是切断产业链。在常规产业领域，不顾比较优势，强制推行制造业回流政策；在高端产业领域，利用其技术优势试图推进“去中国化”的产业链重构，使现有的全球产业链布局陷入混乱无序甚至出现断链的情况。这些明显违反基本经济规律的重构逻辑，背后的根本原因就是经济效率让位于大国竞争的政治利益，少数大国试图通过阻断、打压和遏制别国发展的负面竞争手段，维持其在全球产业链中的优势地位，进而维持其在全球经济治理体系中的主导地位。全球产业链重构的主要影响因素、特征及表现形式见图2-1。

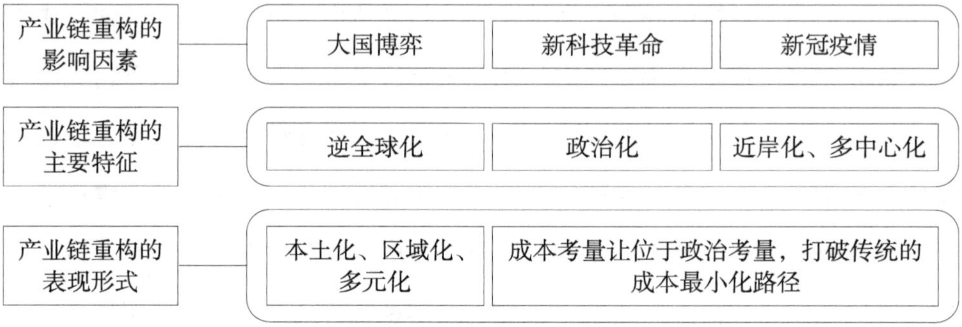

图2-1　全球产业链重构的主要影响因素、特征及表现形式

（三）全球产业链重塑对货物贸易格局的影响

1.中美经贸争端为代表的大国博弈成为贸易保护主义的主要表现形式，严重影响全球产业链分工格局并冲击原有全球贸易格局

经济全球化引发的国家间经济利益分配失衡问题加剧了国际政治博弈，全球经济领域的保护主义政策明显增多，严重侵蚀了国际贸易体系的基础。全球产业链是发达国家维系其国际经济主导权的战略依托，但随着新兴发展中国家逐渐从全球产业链的中低端向中高端迈进，以美国为首的发达国家的垄断地位受到严重威胁，进而主动调整全球产业链格局和分工以限制新兴发展中国家的产业升级。逆全球化浪潮使全球化由高速推进期进入调整期，贸易摩擦导致国际贸易风险大幅上升，影响全球产业链的稳定性，带动全球产业链深度调整。

2.新一轮科技革命促使新产业新业态出现，推动服务贸易、数字贸易规模大幅度增长

互联网、云计算、大数据等新一代信息技术快速发展推动全球产业链持续升级，由此引发国际贸易模式呈现创新性。一是数字贸易已经成为一种新型贸易方式，利用数字技术不断规避国家和地区之间的物理障碍，大幅降低贸易成本，以其高效性促进资源在世界范围内得到合理优化配置，促进国际贸易多元化发展。但同时，如何确保网络安全和交易安全，始终是需要重点关注的因素。二是服务外包在国际贸易中的比重逐步增加，通过合理切分企业内部运营、企业服务、供应链管理，有效降低了企业成本，提升了产业链高效性、专业性、及时性，进一步推动中间品和服务贸易壮大。三是国际贸易结构呈现从低到高的创新发展趋势，基于劳动成本套利的贸易份额开始下降，贸易主体越来越重视产品全流程设计生产能力，依托资源禀赋逐步向产业链中高端攀升，促进贸易地位从全球或区域非核心向核心转化。

3.产业链近岸化和区域化布局推动区域经贸合作机制加快构建

产业链区域化、内向化收缩导致要素流、商品流、资金流向区域中心国家和地区集中，区域生产网络的确立自然带动贸易流也向区域中心国家和地区集中，国际贸易区域格局逐渐固化，原来主要在多边或者跨区层次流行的经贸安排大多被区域性的经济伙伴关系协定取代，如CPTPP、RCEP等区域或跨区全面经济伙伴关系。区域经贸安排愈发显现出全面性的特征，不仅仅是对区域贸易投资关系的一种专门性安排，而且延伸到了电子商务、环境、价值链、中小企业、公平竞争等传统经贸安排未覆盖的领域。以RCEP为例，RCEP包括20章，有许多领域是传统自贸协定如“东盟+”机制下所不包括的，RCEP覆盖货物贸易、服务贸易、电子商务、自然人临时流动、投资、知识产权、竞争、中小企业、经济技术合作、政府采购、争端解决等，在市场准入方面，RCEP提升了货物和服务贸易的自由化水平，并延伸到投资领域。CPTPP等区域性机制甚至还包括环境、气候、劳工、国有企业等领域的条款。

4.全球产业链“去全球化”导致国际贸易冲突加剧

2016年以来，欧美发达国家贸易保护主义大行其道，导致国际贸易中的利益冲突越来越强烈，对国际贸易体系产生重大冲击。一是贸易保护主义严重扰乱国际贸易市场，导致经济资源在全球产业链中难以得到合理配置，国际贸易企业之间的利益冲突同步加大，市场竞争加剧进而诱发恶意竞争。二是国际贸易区域格局逐步调整，区域内贸易成为国际贸易的重要发展形式，欧美日在全球贸易网络中的核心地位较为稳固，东南亚国家贸易地位逐步提升，而中国产品的外部需求日趋萎缩，获利能力下降，外贸依赖度也呈下降态势，亟待调整对外贸易战略。三是贸易保护主义造成国际贸易的整体溢出效应降低，特别是依然处在享受全球化红利阶段的国家会面临较大的外部冲击，提升了国际贸易的运行成本，而国际贸易所付出的成本和收益失衡的加剧，会进一步推动贸易保护主义事件频出。

5.新冠疫情对贸易格局的深远影响

新冠疫情在重构全球产业链的同时，也对国际贸易体系产生了重大影响，这种影响不仅是局部和暂时的，而且要从全球范围及长周期加以考察。一是疫情暴发以来，全球范围的贸易管制干扰了国际贸易往来，破坏了自由贸易体系，严重阻碍了全球经济循环。二是疫情严重冲击国际贸易供需结构，全球货物贸易需求、服务贸易需求大幅萎缩，尽管与疫情相关的贸易品需求旺盛，但远远不能弥补生产和消费停滞带来的需求损失。此外，疫情严重国家出现大规模停工停产，中间贸易品和资本贸易品受全球产业链断链影响出现供给困难。三是新冠疫情将对国际贸易产生长远影响。新冠疫情带来的全球经济贸易衰退，将进一步加剧逆全球化思潮和贸易保护主义，基于国家安全的目标，部分国家进一步强调内向、自主发展，跨国企业也会基于安全因素缩短产业链环节，原核心国家之间的贸易依赖将进一步弱化，区域内贸易有望成为国际贸易的重要表现。

三、结论

从国内外学者对全球产业链与国际贸易格局两者相关关系的研究来看，

全球产业链分工及其演变决定了国际贸易格局。因此，对国际贸易未来格局的研判要以全球产业链的发展趋势为切入点，明确全球产业链重塑的影响因素和未来格局，在此基础上判断国际贸易格局的发展趋势。

逆全球化、全球新冠疫情及新一轮科技革命等因素推动全球产业链围绕安全、效率及市场机制从深度调整向加速重塑转变，引发国际贸易区域格局、贸易结构、贸易流向、贸易形式及贸易业态的深刻演变。未来相当长的一段时期内，全球产业链重塑对国际贸易深度影响将会进一步显现，对我国在新形势下推动国际贸易创新发展也会提出更多挑战。我国在国际贸易格局中占有重要地位，“十四五”期间，应主动迎接全球产业链重塑挑战，积极把握其中蕴含的机遇，深入推动贸易强国建设，为加快构建“双循环”新发展格局提供外部循环支撑。

第三章
我国货物贸易结构变化趋势及现状评价

内容提要：近年来，在制度开放方面，以美欧日为代表的发达经济体一直走在前列，这些经济体积极推进高标准的自贸区建设，在新一轮国际经贸规则体系构建中也更加关注知识产权保护、政府采购、竞争中立、数字贸易等新议题。而我国作为发展中国家，目前处于向经济高质量发展转型的关键时期，主动推动制度开放面临前所未有的挑战。通过比较主要经济体制度开放演进历程，借鉴主要经济体制度开放的经验做法，有利于我国从国内制度层面进行系统性改革，在自贸试验区进行探索试验，并且做好风险测试和压力测试，为我国参与制定国际经济规则奠定基础。

一、全球产业链视角下改革开放以来我国产业链的地位及相应货物贸易结构演进特征

从贸易总量及特征看，改革开放以来我国产业链地位与货物贸易结构呈现阶段性变化的特征。加入WTO之前，我国贸易增速较为缓慢，是利用优势逐步开拓国际市场阶段；加入WTO之后，通过实施降低关税、削减非关税壁垒等政策，我国逐步由计划经济体制下高度集中的投资管理体系转为市场经济体制下的新模式，贸易额实现了快速增长，贸易结构及产业链地位

也发生了明显变化；在2008年国际金融危机之后，逆全球化浪潮以及国际经贸规则重塑对我国贸易发展也产生了显著影响。为应对变局，进一步推动经济高质量发展，我国持续培育外贸竞争新优势，产业链和贸易格局呈现新特征。

1978—2021年我国对外贸易额变化趋势见图3-1。

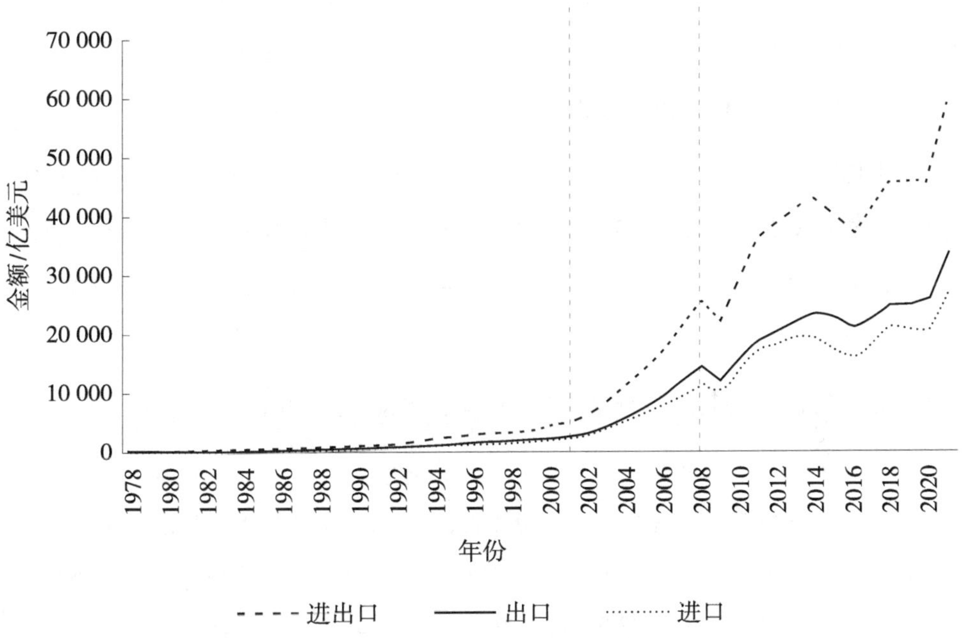

图3-1　1978—2021年我国对外贸易额变化趋势

数据来源：联合国贸易数据库。

（一）加入WTO之前（2001年之前）：抓住优势逐步开拓国际市场，贸易增速缓慢，产业分工模式较为简单

1.产业链分工以产业间分工为主，产业内分工初现雏形

产业间贸易指一国进口和出口的产品属于不同的产品部门，产业内贸易指一国同一产业部门内某种同类产品同时发生进口和出口。从实现条件来看，

产业内贸易需要建立在由科学技术的进步所决定的更高层次的国际分工基础上，高于产业间贸易的竞争力水平。因此，从发展进程看，大多数国家的贸易经历了从产业间分工向产业内分工的转变与演进。

依据UN Comtrade统计数据，2001年之前我国的对外贸易中，产业内贸易发展缓慢，主要依靠要素禀赋优势进行产业间贸易。1980—1992年，中国与经济合作与发展组织（OECD）成员国之间产业内贸易占比由12%上升至20%以上，虽然有所提升，但仍然还处于较为简单的产业间贸易模式。

2.从产品类型看，出口以消费品为主，进口以中间品为主

由于产业内贸易水平较低，这一阶段我国出口主要以完成的消费品为主。同时，为了实现对产品的加工，进口中我国以中间品为主。具体来看，依据UN Comtrade统计数据，表3-1为1998年和2001年我国进出口产品类型结构。

表3-1　1998年和2001年我国进出口消费品、中间品、资本品占比（%）

年份	消费品		中间品		资本品	
	进口占比	出口占比	进口占比	出口占比	进口占比	出口占比
1998	4.4	47.9	74.6	36.4	19.4	15.0
2001	4.4	42.3	73.1	38.3	20.1	18.4

数据来源：联合国贸易数据库。
注：此表并未囊括进出口产品所有类别。

总体来看，由于我国国内生产设施配套水平较低，加工贸易业态水平较低，进口中间品占比较高但出口以可直接使用的消费品和复杂度较低的中间品为主。

3.从产品要素特征看，出口以劳动、资源密集型产品为主，进口以技术、资本密集型产品为主

这一阶段我国抓住机遇承接产业转移，大力发展加工贸易，基于要素禀赋特征逐步融入国际分工体系。这一时期，加工贸易占对外贸易的半壁江山，因此中间品占进口比例很高。从产品要素特征看，这一阶段我国以出口服装、鞋类、家居用品和纺织品等劳动密集型产品为主，进口以技术、资源密集型产品为主。

4.从贸易国别和地区看，香港和欧美发达国家是我国重要贸易伙伴

从出口看，这一阶段我国出口的主要目的地为美国、日本、韩国、德国、新西兰、英国、新加坡以及中国香港，2001年我国对以上经济体的贸易出口额占出口总额的71%；从进口看，这一阶段我国进口的主要来源地为日本、亚洲其他国家（除中日韩以外的亚洲国家）、美国、韩国、德国以及中国香港，2001年我国从以上经济体进口额占进口总额比重近60%。可以看出，为实现技术进步，这一阶段我国主要与发达国家和地区进行贸易，满足自身对多数产品的需求。

（二）加入WTO至2008年国际金融危机（2001—2008年）：深度参与全球产品内分工，实现快速技术进步，迅速融入全球生产体系

这一阶段，通过全面提升对外开放水平，我国更好地发挥了对外开放对技术进步、产业转型升级、体制机制改革的促进作用，快速融入了全球生产体系。

1.技术水平有所上升，主要处于资本技术密集型产品的劳动密集型环节

依据世界投入产出数据库（WIOD）数据，2001—2008年，我国多数行业参与全球价值链（GVC）程度呈大幅提升趋势。如表3-2所示，2001—2008年，我国全部行业的全球价值链参与度从29.2%增长至35.5%。从参与方式来看，后向参与度增长幅度大于前向参与度。一般而言，前向参与是指主要为其他国家提供所需的中间品，知识、技术等高级要素密集度高，后向参与是指主要凭借构建分销、组装加工等环节进行生产。因此，在这一阶段，我国主要

充当中间品“需求者”，通过后向参与的方式融入全球价值链，吸收发达国家的技术外溢，实现较快的技术进步。从制造业与服务业的比较来看，我国制造业参与国际产业链的程度增长更快。

表3-2　2001—2008年我国行业GVC参与度变化趋势（%）

年份	全部行业			制造业			服务业		
	GVC参与度	GVC前向参与度	GVC后向参与度	GVC参与度	GVC前向参与度	GVC后向参与度	GVC参与度	GVC前向参与度	GVC后向参与度
2001	29.2	13.5	15.7	29.6	11.8	17.9	27.6	17.9	9.7
2002	30.9	13.7	17.2	31.6	11.9	19.7	28.7	18.6	10.1
2003	33.7	13.1	20.5	34.6	11.6	23.1	30.2	18.9	11.3
2004	36.4	13.2	23.2	37.4	11.8	25.6	31.5	18.9	12.6
2005	36.2	12.8	23.5	37.1	11.4	25.7	31.6	19.2	12.5
2006	36.8	13.2	23.6	37.7	12.1	25.7	31.7	18.9	12.8
2007	36.5	12.9	23.6	37.4	11.7	25.8	31.7	18.7	13.0
2008	35.5	13.7	21.8	36.6	12.5	24.0	30.2	18.3	11.9

数据来源：对外经贸大学数据库。

具体分行业来看，这一阶段我国资本、技术密集型行业参与全球产业链的水平实现了较快增长。例如，我国计算机制造业从2001—2007年实现了参与度较大幅度的提升，但是从参与方式来看，主要集中于加工组装等后向参与方式，即劳动密集型生产环节。可以认为，在此期间我国利用了劳动力成本的较大优势，通过参与到资本、技术密集型行业的后向参与环节深度参与全球产品内分工。2001—2008年我国部分资本、技术密集型行业GVC参与度变化趋势见表3-3。

表3-3　2001—2008年我国部分资本、技术密集型行业GVC参与度变化趋势（%）

年份	计算机制造业			电子制造业			金属制品制造业		
	GVC参与度	GVC前向参与度	GVC后向参与度	GVC参与度	GVC前向参与度	GVC后向参与度	GVC参与度	GVC前向参与度	GVC后向参与度
2001	42.8	14.1	28.7	27.3	10.8	16.5	29.8	15.7	14.0
2002	45.2	13.4	31.8	28.2	10.9	17.4	29.8	15.0	14.8
2003	48.1	12.2	35.9	31.5	10.4	21.1	32.8	15.1	17.6
2004	49.3	11.4	37.9	34.4	10.7	23.7	34.8	15.2	19.6
2005	49.1	11.2	38.0	34.4	10.9	23.6	35.5	15.8	19.7
2006	50.4	11.9	38.5	35.4	11.5	23.9	36.6	17.4	19.3
2007	51.3	11.1	40.2	36.0	11.5	24.6	36.8	17.5	19.3
2008	49.1	11.8	37.3	34.8	11.9	22.9	36.4	17.5	18.8

数据来源：世界投入产出数据库、联合国贸易数据库。

注：表中计算机制造业、电子制造业为技术密集型行业，金属制品制造业为资本密集型行业。

2.从产品看，中间品贸易发挥最重要角色，中国成为全球价值链分工枢纽

从总量来看，2001—2008年，我国进出口贸易总额增速较快，出口总额从2 660亿美元增长到14 307亿美元，进口总额从2 436亿美元增长到11 326亿美元；从结构来看，中间品贸易占比稳步提升，其中进口中间品占比增长2.2个百分点，出口中间品占比增长4.8个百分点。因此，总体来看，随着中国产业链体系的逐步完善，在经济与贸易总量快速增长过程中，中间品贸易量大幅度提升，表明在这一阶段我国深度融入全球产业链供应链体系，参与国际分工程度不断加深。图3-2为2001—2008年我国进出口中间品占进出口贸易额比重，表3-4为2001年和2007年我国进出口产品类型结构。

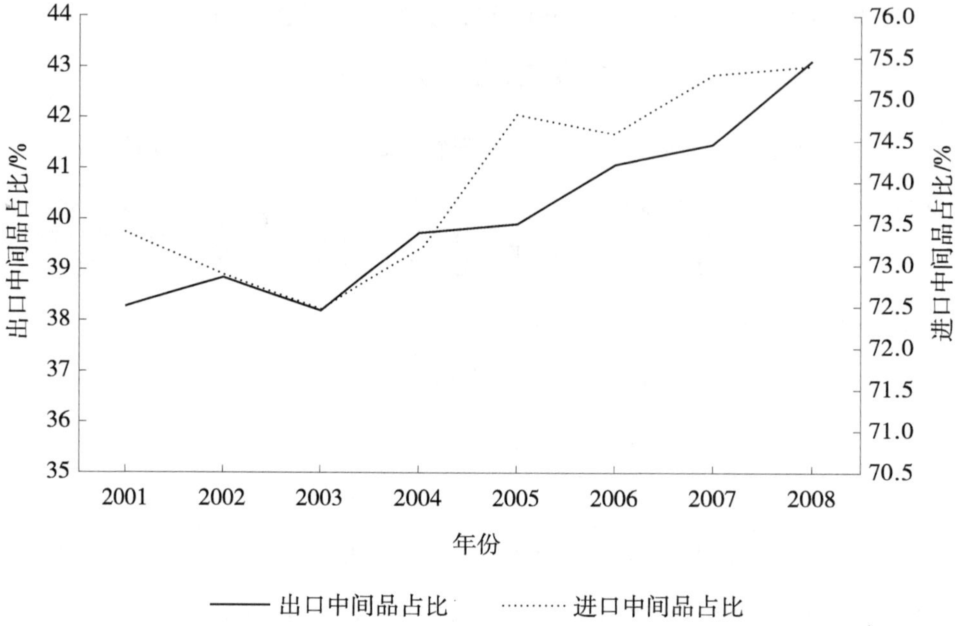

图3-2 2001—2008年我国进出口中间品占比趋势图

数据来源：世界投入产出数据库、联合国贸易数据库。

表3-4 2001年和2007年我国进出口消费品、中间品、资本品占比（%）

年份	消费品		中间品		资本品	
	进口占比	出口占比	进口占比	出口占比	进口占比	出口占比
2001	4.4	42.3	73.1	38.3	20.1	18.4
2007	4.5	29.6	75.2	41.5	18.2	27.9

数据来源：联合国贸易数据库。
注：此表并未囊括进出口产品所有类别。

中间品的使用在这一阶段主要体现为三个方面：一是使用本国廉价资源和劳动力禀赋生产层次较低的中间品再输往国外；二是从国外进口中间品，利用本国的劳动力禀赋进行加工和组装的垂直分工模式；三是通过使用高精尖的进口半成品、零部件以及资本品对工业生产和出口进行转型升级。

3.从贸易国别和地区看，美国、中国香港、日本为主要出口目的地，亚洲国家为主要进口来源国

2001年以来，美国、中国香港、日本是中国的前三大出口目的地，以2007年贸易数据为例，我国出口至美国、中国香港、日本的货物贸易额占比分别为19.1%、15.1%、8.4%；从进口来看，日本、韩国、其他亚洲国家（除中、日、韩以外的亚洲国家）是我国进口主要来源地区，进口占比分别为14.0%、10.9%、10.6%[①]。

（三）国际金融危机之后（2009年至今）持续培育外贸竞争新优势

国际金融危机爆发后的两年，全球生产分工网络体系与各国经济贸易受到了较大冲击，中间品贸易量降低、生产链条长度缩短，给中国进出口以及产业分工带来巨大影响。随着国际金融危机消退和世界经济复苏，中国制造业国内企业间、国内企业与国外企业间的联系开始日益紧密，生产链的长度开始稳步增加。在这一阶段，我国在延续前期产品内分工、劳动密集型产品优势的同时，持续培育外贸竞争新优势，扩大了对资本密集型产品和技术密集型产品的出口，中间品和消费品出口比重大幅度上升。从贸易伙伴看，我国贸易来源地逐步多元化。

1.深度参与全球产业链分工仍是我国深度参与经济全球化进程的重要路径

这一阶段初期，受国际金融危机影响，全球货物贸易额出现短期下滑，而后反弹复苏。整体来看，我国出口额占全球份额比重呈持续上升态势（如图3-3所示），而在贸易产品中，中间品仍然占比较高且持续上升，通过深度参与全球价值链分工，作为全球产业链供应链的枢纽仍是我国参与经济全球化的重要路径。

① 根据海关总署数据整理。

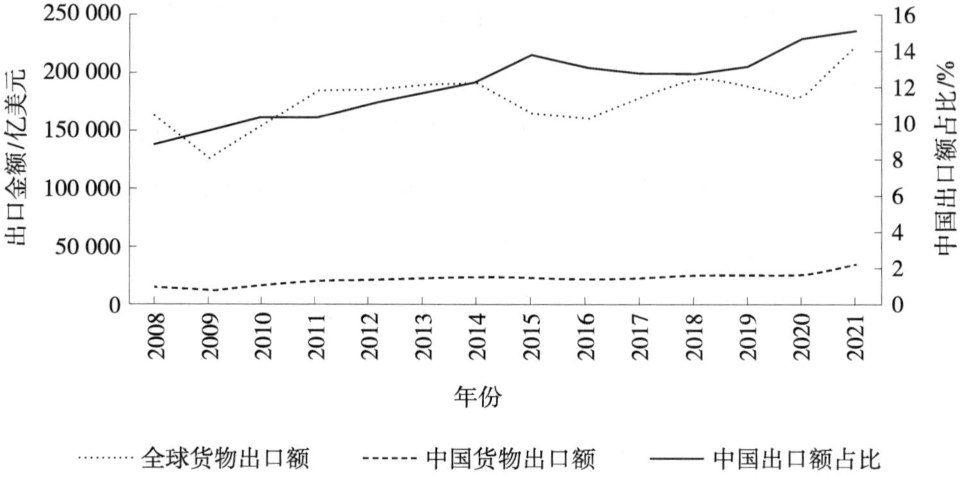

图3-3　2008—2021年全球与中国出口额变化趋势

数据来源：联合国贸易数据库。

从不同类型产品贸易占比看，这一阶段进口、出口中的中间品贸易占比均呈现上升态势，如图3-4和图3-5所示。依据世界投入产出表对全球价值链测算可以得知，这一阶段我国通过积极培育新优势，出口产品的单位增加

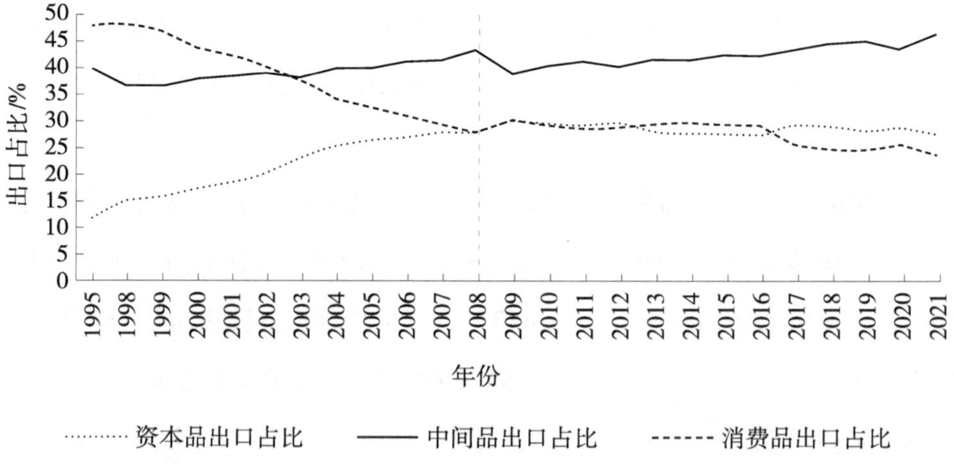

图3-4　1995—2021年我国资本品、中间品、消费品出口占比

数据来源：联合国贸易数据库。

值也在逐步提升（见表3-5）。

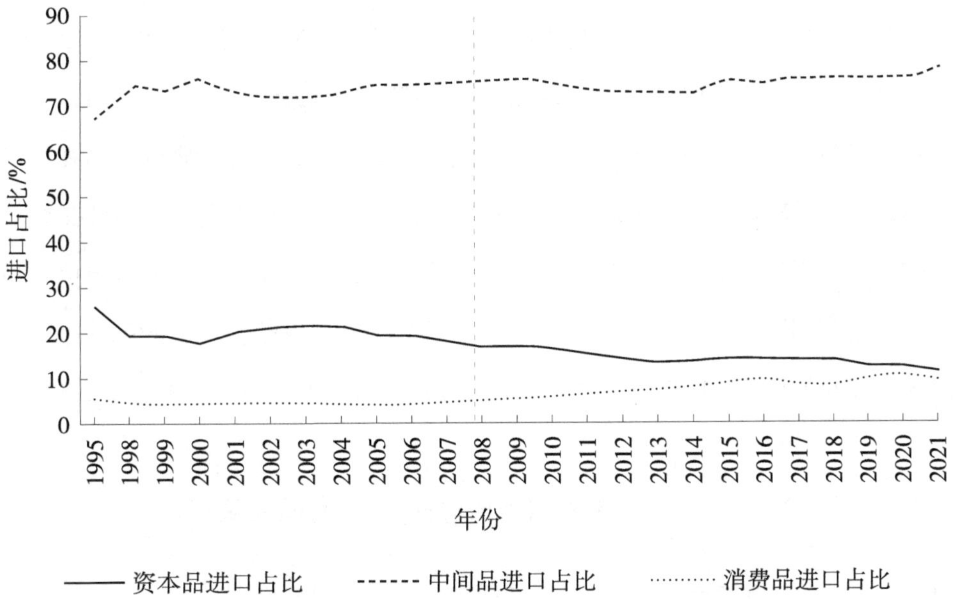

图3-5　1995—2021年我国资本品、中间品、消费品进口占比

数据来源：联合国贸易数据库。

表3-5　我国对美国、欧盟、日本出口产品的单位增加值（%）

年份	中国对美国出口	中国对欧盟出口	中国对日本出口
2012	61.8	66.1	60.8
2013	62.5	67.3	61.5
2014	62.8	67.9	61.7
2015	64.5	68.4	62.1
2016	64.6	68.5	62.7

资料来源：商务部全球价值链数据库。

2.从产品特征看，自动数据处理设备、电信和录音设备产品在全球中间品贸易中占据重要地位，新产品进出口增速较快，劳动密集型产品优势有所降低

分产品结构看，这一阶段制造业产品占比较高。具体来看，2008—2021年，电气机械设备类产品（HS2：85[①]）在进口、出口中均位居第一，核反应堆、机械设备（HS2：84）出口位居第二。此外，交通设备等可分割性较强的产品在我国进出口中占比较高，表3-6以2021年数据为例，列示了我国进出口额排在前10位的产品。根据行业特点可以得知，这一阶段中我国主要以中间品进出口贸易为主参与到国际生产分工模式中，尤其是以电气机械设备为代表的产品已深入渗透全球的关键零部件市场，确立了我国在这一阶段中间品贸易中的重要地位。

表3-6　2021年我国进出口前10位商品列表（%）

排名	出口产品	出口额占比	进口产品	进口额占比
1	85电气机械设备、自动数据梳理设备	26.7	85电气机械设备、自动数据梳理设备	24.9
2	84核反应堆、机械设备	16.3	27矿物燃矿物油	15.0
3	94家具、床	4.1	26矿砂、矿渣及矿灰	10.2
4	39塑料制品	3.9	84核反应堆、机械设备	8.6
5	87电动车等交通设备	3.6	90光学、摄影配件等	4.1
6	95玩具、游戏和体育用品	3.0	87电动车等交通设备	3.2
7	90光学、摄影配件等	2.9	39塑料制品	3.1
8	73钢铁制品	2.8	71天然、养殖珍珠	2.9
9	61服装或服饰	2.6	74铜及其制品	2.5
10	29有机化学品	2.5	29有机化学品	2.2

数据来源：作者依据联合国贸易数据库计算得出。

① HS是《商品名称及编码协调制度的国际公约》的简称缩写，HS编码即海关编码，用六位数把全部国际贸易商品分为22类98章，HS2表示HS编码中的前两位数码（代表章），85表示第85章。余同。

此外，这一阶段部分新产品的贸易额出现了快速增长，表3-7列出了这一阶段中增速较快且贸易额占比超过0.5%的产品。从进口来看，我国对农产品的进口增速较快，且对香水、化妆品或盥洗用品（HS2：33）产品需求增速大幅提升；从出口来看，我国对药品、塑料制品出口增速较快，且在贸易总额中占比已超过0.5%。

表3-7 2008—2021年我国进出口增速前五位商品列表（%）

排名	进口产品	平均增速	2021年贸易额占比	出口产品	平均增速	2021年贸易额占比
1	10谷物	212.1	0.7	30药品	94.4	1.1
2	33香水、化妆品或盥洗用品	158.6	0.9	39塑料制品	26.1	3.9
3	02肉及食用杂碎	97.0	1.2	69陶瓷产品	21.7	0.9
4	08水果和坚果，可食用	91.2	0.6	60针织物及钩编织物	20.2	0.7
5	71天然、养殖珍珠	71.2	2.9	71天然、养殖珍珠	18.9	0.9

数据来源：作者依据联合国贸易数据库计算得出。

从产品要素特征看，这一阶段我国劳动密集型产品优势有所降低。随着我国劳动力成本的逐步上升，部分劳动密集型产业发生转移。在部分劳动密集型产品出口中，我国的实力在2010年代初达到顶峰，之后虽然在全球出口中的份额仍然较高，但持续呈下降趋势。

3.从贸易国别和地区看，传统出口目的地份额大幅下降，但我国在新兴经济体价值链中作用明显提升

从贸易伙伴国看，这一阶段的出口目的地与前两阶段相比出现较大差异。美国、中国香港、日本仍为前三大出口目的地，但出口比重下降明显，2021年出口比重分别为17.2%、10.4%、4.9%，与2007年的19.1%、15.1%、8.4%

相比发生较大幅度下降，但是，我国对印度、马来西亚、泰国、墨西哥等国家的出口比重有较大提升。以上国别结构发生变化的主要原因，一方面是国际金融危机、逆全球化浪潮背景以及新冠疫情之后，各国将生产价值链逐步分散化以避免产业链供应链出现危机；另一方面则是我国自2013年以来提出共建“一带一路”倡议，大大提升了与更多发展中国家的经贸往来。

专栏3-1

劳动密集型行业的转移，我国逐步提高产品附加值实现产业升级

改革开放初期，我国凭借较低的劳动力成本优势，承接了原本由“亚洲四小龙”为主承接的纺织等劳动密集型加工工业。到20世纪90年代，劳动密集型行业成为较长一段时间我国经济发展的支撑。2009年，我国改革开放走过三十年，居民收入有了大幅提高，国内劳动密集型行业开始面临劳动力成本抬升的问题，部分纺织服装业开始前往劳动力成本更低的东南亚国家。2010年，越南超过中国成为耐克全球最大代工厂，2014年，我国纺织服装品出口总量达到阶段性顶点，之后纺织服装出口总量开始回落。

在此背景下，我国积极培育产品新优势，提升产品附加值以实现产业升级。这一阶段，我国纺织服装行业沿微笑曲线上移，向原材料生产及品牌销售两个方面延伸，纺织服装产业链转型升级。我国纺织纱线及其制品的出口总额及比重在持续上升，出口额由2014年的1 121.4亿美元增长到2021年的近1 500亿美元，比重由2006年的33%上升到2020年的50%以上。与此同时，中越两国纺织服装业联系日益紧密。而越南纺织服装业原材料进口对我国依赖依然较高。

二、存在的问题、取得的成效

（一）我国连续保持货物贸易第一大国地位，但传统优势正在逐步削弱

根据海关总署数据，近十年来，我国货物贸易进出口量连创新高，从2012年的24.4万亿元人民币增加到2022年的42.07万亿元人民币。一是主要产品生产能力大幅提升。经过改革开放40多年的发展，我国主要产品的生产能力发生了根本性变化，实现了由短缺到丰裕的巨大转变，空调、冰箱、彩电、洗衣机、微型计算机、平板电脑、智能手机等一大批家电通信产品产量均居世界首位。依托工业产量持续增长，制造业实力显著增强，我国货物贸易总量高速增长，连续6年保持世界第一货物贸易国地位。二是货物贸易占全球货物贸易总额比重大幅提升。改革开放初期，我国货物进出口占全球市场份额仅为0.8%，在全球货物贸易中列第29位。随着货物贸易额稳步增加，我国在全球货物贸易中的排名不断提高，特别是加入WTO后，我国货物贸易规模相继超越英国、法国、德国和日本。2009年起，我国连续多年保持货物贸易第一大出口国和第二大进口国地位。2013年起，我国超越美国成为全球货物贸易第一大国，并连续3年保持这一地位。2017年，我国进出口贸易占全球市场份额为11.5%，货物贸易重回全球第一，其中出口占比为12.8%，进口占比为10.2%；我国也是增长最快的全球主要进口市场，进口增速比美国、德国、日本和全球分别高出8.9、5.5、5.4和5.3个百分点。2017年以来，我国连续保持世界货物贸易第一大国的地位。2022年，我国出口占全球市场份额为14.7%，连续14年居全球首位。

随着我国产业不断转型升级，国际贸易的传统比较优势正逐步削弱。近年来，我国劳动力、土地、能源等要素成本延续上升态势，严重削弱了

对外贸易在全球价值链中的竞争力。以劳动要素为例，劳动供给逐渐减少，劳动成本不断提高。在劳动供给方面，我国一直是世界人口最多的国家，但近年来我国新出生人口占比持续下降，人口老龄化正在加快。老龄化、少子化、长寿化已成为当前我国人口结构的显著特点。一是老年人口规模庞大。2020年第七次全国人口普查数据显示，我国60岁及以上人口数量达26 402万人，占总人口数的18.7%。二是老龄化进程明显加快，劳动供给明显减少。2022年，60岁及以上人口28 004万人，占全国人口的19.8%，因此，2020—2022年，我国60岁及以上人口数增长1 602万，占全国人口的比例增长了1.1个百分点。预计到2035年左右，60岁及以上人口将突破4亿人，在总人口中的占比将超过30%。同时，自2014年之后中国劳动者总量开始出现持续下降，2022年中国劳动者总量为7亿人左右，比顶峰的2014年少了1 700多万人，平均每年减少240多万人。在劳动成本方面，受物价水平不断上涨的影响，企业职工对提高工资的要求不断增高，政府规定的最低工资标准也水涨船高。另外，由于劳动者素质普遍提高，企业对职工的培训、福利等隐性成本也随着劳动者学历的提高而上涨。与之相对应的我国出口产品中，绝大部分都是工业制成品，这些“中国制造”正是依靠我国长期低劳动力成本优势占据主要国际市场，随着劳动力成本的提高，出口产品的比较优势正在逐步向新兴发展中国家转移。这些都表明，曾经作为出口重要因素的低劳动力成本优势正在逐步消失，出口产品面临转型升级挑战。

（二）我国贸易结构持续优化，产业链地位不断攀升，但贸易结构的稳定性仍有不足

随着我国产业链地位的不断攀升，贸易结构持续优化。我国是相当一部分消费品、原材料、中间品的主要提供者，商品结构不断优化，国内外市场

布局更加优化合理，贸易发展的质量和效益显著提升。一是产业结构加快迈向中高端。通过深入实施创新驱动发展战略和制造强国战略，我国传统产业改造提升步伐加快，工业制造向中高端水平持续迈进。高技术、装备制造业快速增长，制造业信息化水平大幅提升，重点行业数字化、网络化、智能化取得明显进展。二是出口产品结构不断优化。进入21世纪以来，以电子和信息技术为代表的高新技术产品出口占比不断提高，我国出口商品结构不断优化升级。2022年，我国出口商品最多的是"工业制品"。其中，排名第一的是机械及运输设备出口共计22.8万亿元人民币。工业制成品出口结构中轻纺产品、橡胶制品、矿冶产品及其制品出口下降明显，机械及运输设备出口占比大幅提升，贸易高质量发展特征逐步显现。三是贸易方式更趋合理。改革开放初期，我国在大力开展一般贸易的基础上，采用来料加工、进料加工等贸易方式，极大地促进了对外贸易的发展，加工贸易占进出口总值的比重由1981年的6%逐步增长到1998年的53.4%。此后，随着我国货物贸易结构的调整和转型升级的推进，加工贸易占比开始缓慢下降。一般贸易占比从2010年起重新超过50%。党的十八大以来，我国着眼于调结构转方式，不断培育外贸竞争新优势，加工贸易占比由2012年的34.8%下降至2022年的20.1%，一般贸易占比由2012年的52%上升至2022年的63.7%。

目前，我国对外贸易出口结构仍存在出口商品过于集中在某一制成品领域的问题，并且主要集中在科技含量较低的制成品中。与以资本和技术密集型产品贸易为主的发达经济体相比，贸易结构不稳定的不足尤为凸显，容易陷入比较优势的陷阱，不利于稳固我国在全球贸易中的主要地位。一直以来，我国出口都过度依赖纺织原料、纺织制品、机器、机械器具、电气设备等工业制成品，而在生物制药等高科技、新兴产业的比较优势较为缺乏，出口结构对国际环境变化的敏感性较强，对外贸易的稳定和安全易受突发事件的威胁。

（三）我国外贸综合竞争力显著提升，但与发达经济体仍存在一定差距

依托产业链各环节实力的攀升，我国以技术、标准、品牌、服务为核心的外贸综合竞争力显著提升。一是我国在多个创新领域实现重大突破，成功迈入创新型国家行列[①]。2022年，我国在全球创新指数排名中居于第11位，较2012年排名上升了23位。其中，高速铁路、5G网络等建设处于世界领先地位，载人航天、火星探测等领域实现重大突破，新能源汽车、新型显示产业规模居世界第一[②]。特别是我国在新能源领域发展尤为喜人，我国汽车自主品牌有望换道超车，欧洲和南亚已经成为我国新能源汽车主要增量市场。根据韩国SNE Research数据，2022年上半年，在全球动力电池装机量排名前20位的企业中，有15家中国企业；在增速超过100%的12家动力电池厂商中，有11家中国企业[③]。二是外贸经营主体活力有效激发，民营企业进出口更加活跃。我国民营企业凭借优质的产品、稳定的供应、创新的技术、灵活的模式，显示出强劲的发展活力，为我国在世界市场上赢得越来越多的市场份额。与2012年相比，2022年，我国有进出口实绩企业59.8万家，增加5.6%，其中，民营企业进出口21.4万亿元，增长12.9%，占进出口总值的50.9%，提升2.3个百分点。同期，外商投资企业进出口13.82万亿元，国有企业进出口6.77万亿元，分别占进出口总值的32.9%和16.1%[④]。三是外贸新业态已成为我国外贸新的增长点并快速发展。商务部数据显示，2022年我国跨境电商进出口

① 樊江洪. G20国家数字竞争力：第一梯队是美国和中国，第二梯队竞争激烈都有谁？［EB/OL］（2022-05-31）［2023-01-05］. https：//export.shobserver.com/baijiahao/html/492825.html.

② 央视新闻.「解码十年」中国迈入创新型国家行列［EB/OL］.（2022-08-15）［2023-01-05］. https：//news.cctv.com/2022/08/15/ARTILpC43SBeAwGhJyNufpt1220815.shtml.

③ 张维佳. 锂离子动力电池产业：引领全球之势已成，竞争仍很激烈［EB/OL］（2022-08-04）［2023-01-05］.http：//news.sohu.com/a/574090454_121134737.

④ 国务院新闻办. 国务院新闻办就2022年全年进出口情况举行发布会［EB/OL］.（2023-01-03）［2023-05-05］.http：//www.gov.cn/xinwen/2023-01/13/content_5736993.

（含B2B）2.11万亿元，同比增长9.8%。其中，出口1.55万亿元，同比增长11.7%，进口0.56万亿元，同比增长4.9%。贸易数字化已然成为带动服务出口快速运转的超能“引力泵”。四是巨大市场优势为我国外贸高质量发展拓展回旋空间。我国拥有14亿多人口和全球规模最大、最具成长性的中等收入群体，内需已经成为拉动我国经济增长的主要动力，2022年我国经济动力引擎发生明显变化，投资强势发力，消费呈乏力态势，消费对经济增长的贡献率为32.8%，拉动经济增长1个百分点，扩大内需依然具有巨大潜力。从城镇化水平看，2022年末，我国常住人口城镇化率为65.22%，与发达国家相比还有较大差距。内需市场的不断扩大为我国经济持续健康发展提供了重要动力，也为外贸企业拓展了生存发展空间、赢得了转型升级时间。五是我国服务出口竞争力不断提升。近10年来，我国服务贸易发展跃上新台阶，贸易规模增长到8 000多亿美元，世界排名连续9年位居第二，贸易结构得到大幅优化，2022年，知识密集型服务贸易占比提高至41.9%，我国服务贸易综合指数排名位居第九，首次进入前十名。

近年来，我国贸易发展迅猛，贸易竞争力有所提高，但与美国等发达国家相比仍处于弱势地位。一是新的竞争优势尚未形成。我国处于价值链中低端的状况尚未发生根本改变，产业大而不强，人才基础相对偏弱。《全球人才竞争力指数2022》显示，美国、荷兰、澳大利亚、英国、加拿大、德国和法国人才竞争力指数均接近或超过70，而中国人才竞争力指数仅为51.04。二是参与国际规则制定的能力有待提升。总体上看，国际经贸规则制定的主导权仍掌握在美欧发达国家手中，我国在谋划运筹经贸规则体系等方面的能力有待进一步加强。三是货物贸易自由化水平有待进一步提高。自2023年1月1日起，中国对1020项商品实施低于最惠国税率的进口暂定税率，这一数量较上年增加了66项，连续4年保持增长，我国关税总水平将降至7.3%。然而，美国、欧盟的整体关税水平分别仅为3.4%和4.9%，远远低于我国[①]。多年来，我国不断改革出口退税、出口信贷、通关便利化等政策措施，营商环境显著趋好，中小企业融资问题得到改善但综合金融服务水平仍需继续提升，贸易投资便利化水平有待进一步提高。

（四）我国贸易高质量发展的产业基础得到进一步夯实，但关键核心技术“卡脖子”难题亟待解决

近年来，我国高新技术产品出口额快速增长，且出口额均高于进口额。2022年，我国高新技术产品出口和进口总额分别达9 513亿美元和7 635亿美元。根据战略与国际研究中心（CSIS）2022年发布的分析显示，中国在全球半导体市场上迅速取得了进展，目前在封装和测试领域已成为世界第一，在晶圆制造领域也领先美国[②]。但我国制造业创新能力仍然薄弱，对外依存度高，整体上仍处于全球产业链和价值链的中低端。其中，我国出口的高新技术产品主要是已经进入标准化生产并且附加值较低的计算机与通信技术领域的产品，而进口的高新技术产品主要是高附加值的电子技术产品、计算机集成制造技术产品、航空航天技术产品、光电技术和生物技术产品等新兴领域的产品，见表3-8。

值得注意的是，在高端制造业方面，我国“大而不强”的问题尤为突出。根据工信部2018年数据显示，全国30多家大型企业130多种关键基础材料中，32%的关键材料还是处于空白，52%的材料依靠进口。其中，绝大多数计算机和服务器通用处理器95%的高端专用芯片、70%以上智能终端处理器以及绝大多数存储芯片依赖进口；在装备制造领域，高档数控机

① 该报告是世界贸易组织（WTO）与联合国贸易发展委员会（UNCTAD）共同发布的，此处的关税水平是各国和地区给予最惠国待遇国家和地区的关税税率。

② 王晔. 美国“芯法”经济胁迫企业陷两难 美大学教授：芯片制造互相依赖不可避免，都是全球性的［EB/OL］.（2022-08-16）［2023-05-05］. https：//cn.chinadaily.com.cn/a/202208/16/ws62fb523ba3101c3ee7ae402e.html.

床、高档装备仪器、运载火箭、大飞机、航空发动机、汽车等关键件精加工生产线上逾95%制造及检测设备依赖进口。我国的价值链优势更多体现在规模和布局上，在核心零部件、自有品牌和产品质量上短板效应明显；而在处于附加值较低、无法掌控核心技术的中下游环节，对美日韩等发达国家技术依赖程度高，一些核心技术受制于人，面临严重的“卡脖子”问题。2014年以来，我国电子技术产品进口额不断增长，占我国进口总额的比重也一直居高不下，充分显示我国核心零部件对外依赖性较强的问题（见表3-9）。

表3-8 2015—2022年我国高技术产品进口占我国进口总额比重情况（%）

年份	高新技术产品	生物技术产品	生命科学技术产品	光电技术产品	计算机与通信技术产品	电子技术产品	计算机集成制造技术产品	材料技术产品	航空航天技术产品	其他技术产品
2015	28.16	0.05	1.28	2.77	6.19	13.75	1.98	0.28	1.83	0.03
2016	32.66	0.07	1.59	2.94	6.97	16.61	2.13	0.29	2.01	0.05
2017	32.98	0.08	1.78	2.64	6.77	17.15	2.28	0.25	1.96	0.06
2018	31.65	0.10	1.79	2.28	6.14	16.65	2.52	0.23	1.89	0.06
2019	31.47	0.12	1.71	1.90	5.84	16.93	2.79	0.23	1.91	0.05
2020	30.70	0.14	2.06	1.65	5.61	16.97	2.52	0.24	1.47	0.05
2021	31.16	0.24	1.83	1.42	5.68	18.25	2.60	0.24	0.88	0.03
2022	28.09	0.20	1.90	1.17	4.05	17.40	2.21	0.26	0.87	0.03

数据来源：中国海关总署。

表3-9　2015—2022年电子技术产品进出口额情况（亿元人民币）

年份	出口金额	进口金额
2015	7 803.32	17 327.32
2016	7 334.57	17 999.62
2017	8 078.35	20 782.01
2018	9 439.11	23 851.76
2019	11 453.79	24 310.27
2020	12 708.58	27 519.48
2021	15 718.04	31 677.17
2022	17 398.50	31 408.90

数据来源：中国海关总署。

此外，美西方国家的出口管制加大了我国技术引进的难度，限制了我国制造业产业进一步转型升级。一方面，美西方国家持续加大对我国高科技企业的围剿力度，中美科技“脱钩”日趋严重。自2018年以来，美国相继对中兴、华为、字节跳动、腾讯等企业进行了芯片技术封杀、政治绑架甚至全面制裁，强行推动中美高科技企业知识产权的脱钩，甚至威胁要与我国“全面脱钩”。2020年，美国商务部工业与安全局总共将279家企业列入实体清单，包含134家与中国相关的企业实体，占比达48%，其中科技型企业数量占85%以上①。继美国之后，其盟国纷纷仿效，英法等发达国家也拒绝华为参与5G建设。另一方面，美西方国家加速与我国产业链“脱钩”，进一步推进关键行业“去中国化”。推动制造业回流和中美经济部分“脱钩”是美国重要战略。拜登政府已发布包括半导体芯片、电动汽车大容量电池、稀土矿产和

① 新枝财经．我国高新技术产品贸易的内外部困境——“双循环”新发展格局下［EB/OL］．（2022-08-17）［2023-05-05］.https：//baijiahao.baidu.com/s?id=1734864429434872270&wfr=spider&for=pc.

药品等在内的供应链审查报告，同时，在其力推的“印太经济框架”项下专门设立了“供应链安全”议题。2021年底，美国所谓“维吾尔强迫劳动预防法案”正式生效，为打破对我国关键产品产业链供应链依赖提供了重要法律支撑；2022年8月，拜登签署《2022年芯片与科学法案》，旨在推动芯片制造“回流”美国本土，这将进一步加剧半导体产业的全球地缘政治竞争，阻碍全球经济复苏。

（五）以我国为主的区域产业链体系初步形成，但仍受到全球经济环境变化制约

近年来，我国与26个国家和地区签署了19个自由贸易协定，与自贸伙伴贸易额占比达35%，市场多元化取得积极成效。2022年，我国对东盟进出口6.52万亿元，增长15%，对东盟继续保持我国第一大贸易伙伴地位。欧盟、美国、日本、韩国、澳大利亚为我国主要贸易伙伴。同时，我国积极参与全球经济治理，不断深化与伙伴国家贸易安全与通关便利和合作，包括推进AEO互认、中国国家贸易“单一窗口”合作交流、原产地证书联网等。此外，“智慧海关、智能边境、智享联通”概念提出后，有效降低了企业的通关成本，提高了通关效率，并被世界海关组织、亚太经合组织、亚欧会议等国际组织和多边框架纳入战略文件或多边议程。

以我国为主的亚太地区贸易表现突出。在全球新冠疫情快速蔓延的2020年，全球需求和供给严重收缩，世界经济衰退，全球货物贸易明显下滑，但亚洲经济体之间的贸易依存度仍保持较高水平。其中，中国和东盟两大亚太地区货物贸易中心地位稳定，在此次疫情冲击中起到了维护区域贸易稳定的重要作用。以我国为主的区域产业链体系初步形成。一方面，“一带一路”经济合作“蛋糕”持续做大。我国充裕的资本、完整的工业体系及强大的制造能力，与发展中国家以能源资源产业和劳动密集型制造业为主的产业结构逐

渐形成互补，特别是质优价适的电力、通信、工程机械、轨道交通等装备能充分满足发展中国家的发展需求。随着“一带一路”建设加快和国际产能合作推进，通过扩大在发展中国家绿地投资、工程承包等大力发展投资贸易，有望带动成套设备、零部件等资本品扩大出口，提高高附加值中间品在出口中的比重，提升我国在国际分工中的地位。我国与沿线国家互联互通水平持续深化。其中，中哈“关铁通”项目正式启动试运行，中老铁路全线开通运营，匈塞铁路有序推进，比雷埃夫斯港运营良好。从平台建设看，我国与沿线国家双边经贸机制不断健全，已推动建立超过100个贸易畅通、投资合作、服务贸易、电子商务合作机制。同时，以重大展会论坛为代表的开放平台蓬勃发展。目前，已成功举办中国国际进口博览会、中国－东盟博览会、中国－亚欧博览会、中国－中东欧国家博览会、中国－非洲经贸博览会等展会论坛，我国与沿线国家交流合作效率显著提高。

总体来看，通过“一带一路”倡议、RCEP等区域合作机制，基于共享的我国主导的区域产业链体系初步形成，带动我国依托区域生产中心、市场中心地位积极构建区域经贸合作机制，积极参与全球经济治理，在区域贸易体系中地位不断强化。但受新冠病毒变异、地缘政治动荡、经济复苏势头不稳、主要国家货币政策转向、全球供应链陷入瓶颈、海运堵塞不畅、大宗商品价格上涨、能源供需失衡加剧等因素影响，世界政治格局、国际经贸规则、全球治理体系、产业链供应链体系将面临深刻重组重构。如何平衡进出口贸易、平衡当前和长远利益、更好参与国际经贸规则制定、更好参与全球经济治理成为我国当前推进贸易高质量发展需要直面的重要问题。

（六）我国外贸新业态蓬勃发展，外贸区域布局再度平衡，但地区间不平等程度依然严峻

近年来，数字技术快速发展，以跨境电商、市场采购贸易和外贸综合

服务企业为代表的外贸新业态蓬勃发展，有效促进东中西部对外贸易协调发展，已成为推动我国外贸转型升级和高质量发展的新动能。2018年以来，国务院同意在北京等22个城市设立跨境电商综合试验区，以跨境电商为突破口，推进国际贸易自由化、便利化和业态创新。2021年，国务院发布《关于加快发展外贸新业态新模式的意见》，支持运用数字技术和工具推动外贸全流程各环节优化提升，鼓励传统外贸企业、跨境电商和物流企业参与海外仓建设，提高海外仓数字化、智能化水平，促进中小微企业“借船出海”。同年，跨境电商B2B出口监管试点在全国海关正式复制推广，配套政策不断完善。“上合示范区至明斯克”“义新欧”“苏新欧”“合肥至德国汉堡、威廉港”等跨境电商专列先后开通并常态化开行，实现了“中欧班列”与跨境电商模式融合。2022年，《中华人民共和国海关综合保税区管理办法》明确指出要支持融资租赁、跨境电商、期货保税交割等新业态、新模式入区发展。

从纵向看，我国外贸区域布局呈现“再平衡”发展特征。20世纪90年代初期，我国外贸区域布局比较平衡，1993年，东、中、西、东北四大板块外贸进出口占比分别为79.41%、8.62%、9.10%、2.87%。但随着我国对外开放的深入推进，东部地区在外贸进出口中的占比不断上升，同时，中西地区的占比不断下降，其中，西部地区下降尤为显著。从横向看，我国外贸区域布局不平等问题依然严重。当前，外贸布局主要集中在东部沿海地区，而中西部地区外贸发展均处于中低水平，且省市区之间差异非常明显。2022年，外贸进出口排名前四的省市为广东、江苏、浙江、上海。出口方面，2022年出口突破万亿元的省市有6个，分别是广东、江苏、浙江、山东、上海和福建，均位于东部沿海地区；进口方面，2022年广东、上海进口超2万亿元，江苏、山东、浙江超1万亿元，均位于东部沿海地区。

三、优化货物贸易结构的安排

（一）总体思路

外贸是拉动经济增长的“三架马车”之一，对于稳经济、促发展发挥着重要作用。面对百年变局与世纪疫情交织叠加，全球进入动荡变革期，我国外贸发展面临的形势更趋严峻复杂，更要充分认识推动外贸保稳提质的重要性。一方面，坚持推动外贸高质量发展，推动外贸保稳提质，是扩大高水平对外开放的必然要求，既要实现外贸规模更大、质量与效益水平更高，又要全力打造市场化法治化国际化营商环境，推动制度型开放，实现高水平的对外开放。另一方面，坚持推动外贸高质量发展，推动外贸保稳提质，是我国外贸发展的现实需要。从国内看，当前我国经济发展面临需求收缩、供给冲击、预期转弱三重压力，加之疫情多点散发的扰动，给外贸企业的产业链供应链安全稳定和物流运输畅通带来较大影响。从国际看，经济复苏疲软、地缘冲突爆发、大宗商品价格上涨、国际产业链供应链调阻等因素对我国外贸企业也造成负面冲击。随着国内外风险挑战日益增多，保持我国经济运行在合理区间任务依然艰巨，稳住外贸外资基本盘、推动外贸高质量发展的重要性更加凸显。下一步，优化我国货物贸易结构，提升外贸综合竞争力的总体思路如下。

立足新发展阶段，贯彻新发展理念，构建新发展格局，坚持稳中求进工作总基调，以深化供给侧结构性改革为主线，以推进贸易高质量发展为目标，以贸易创新发展为动力，统筹贸易发展与安全，推动高水平对外开放，优化贸易产品结构，优化国内国际市场布局，大力发展贸易新业态，推动贸易更加平衡、更可持续发展，加快培育参与国际经济合作和竞争新优势，营造开创开放合作、包容普惠、共享共赢的国际贸易新局面，推动国内国际双循环互促共进，全面提升我国外贸综合竞争力，为我国国民经济持续健康发展作出新的贡献。

（二）优化目标

1.贸易产品结构更加优化

我国货物贸易总额保持全球货物贸易第一大国的地位，货物贸易进出口额占全球市场份额保持在10%～15%，出口额占全球市场份额保持在15%以上，进口额占全球市场份额不断提升。从出口产品看，我国工业制成品出口比重不断提高，机电产品、高新技术产品在我国出口额中的比重显著上升。下一步，在稳固我国货物贸易规模优势的基础上，进一步稳定国际市场份额，提高出口质量，扩大进口规模，推动高新技术产品在对外贸易中的比重显著上升，鼓励创新、绿色、高附加值产品开拓国际市场，推动单位出口增加值达到发达国家水平，推动在全球产业链中的“堵点”“短板”显著减少，全力保障外贸产业链供应链稳定，提升我国外贸产业链供应链的综合实力。

2.贸易新业态发展更充分

新业态新模式是我国外贸高质量发展的重要力量，也是国际贸易发展的重要趋势。加快发展外贸新业态新模式，有利于推动贸易高质量发展，培育参与国际经济合作和竞争新优势，对于服务构建新发展格局具有重要作用。我国跨境电商进出口、市场采购贸易方式出口快速增长，跨境电商、海外仓、保税维修业务等均实现高速发展。下一步，应进一步发展贸易新业态，提升外贸数字化水平，做好跨境电商综试区扩围提质，优化市场采购贸易方式政策框架，提升市场采购贸易方式便利化水平，支持外贸综合服务企业健康发展，完善海外仓网络，提升保税维修业务发展水平，稳步推进离岸贸易发展，培育对外贸易新增长点，提升外贸运行效率，拓展外贸发展空间。

3.国内国际市场布局优化

面对更趋复杂的国际环境，优化国内国际市场布局对于提高我国对外贸易韧性和潜力具有重要作用。下一步，应在推动我国在全球贸易网络中地位持续提升的基础上，贸易多元化水平再上一个新台阶，提高与共建“一带一路”国家的贸易份额，维护多边主义和自由贸易，积极参与国际分工体系重塑，扩大与贸易伙伴的利益交汇点，促进全球共享我国发展成果。一方面，优化国际市场布局，进一步优化进口来源地和出口市场，稳步构建高标准自由贸易区网络，加强多双边和区域经贸合作。另一方面，优化国内区域布局，加强外贸发展与区域重大战略、区域协调发展战略对接，充分发挥各地区比较优势，创新各地区外贸合作机制，促进各区域协调发展。

4.贸易平衡发展程度不断加深

立足国内大循环，协同推进强大国内市场和贸易强国建设，形成全球资源要素强大引力场。下一步，应进一步促进内需和外需、进口和出口、引进外资和对外投资协调发展，加快培育参与国际合作和竞争新优势。一方面，推动进出口协调发展，降低进口关税和制度成本，扩大优质消费品、先进技术、重要设备、能源资源等进口，促进进口来源多元化，完善出口政策，优化出口商品质量和结构，提高出口附加值。另一方面，推进内外贸一体化，继续完善外贸外资、市场竞争、市场体系等领域的法律法规，逐步形成内外贸、内外资统一的维护公平竞争的法律、法规、制度，促进内外贸法律法规、监管体制、经营资质、质量标准、检验检疫、认证认可等相衔接，推进同检同标同质。

5.贸易自由化便利化水平提升

全面提高对外开放水平，推进贸易自由化便利化，持续深化商品和要素流动型开放，稳步拓展规则、规制、管理、标准等制度型开放。下一步，应进一步提升贸易和投资便利化水平，扩大贸易领域开放合作。推动货物贸易领域削减关税和非关税壁垒，提高技术性贸易措施透明度。依托高水平对外开放平台，推进制度创新，在自由贸易试验区率先探索放宽贸易准入，在海南自由贸易港推进货物贸易“零关税”。优化自由贸易区布局，推动商签更多高标准自由贸易协定，积极对接国际高标准经贸规则，提高货物贸易自由化水平。

6.维护贸易安全能力显著增强

当前，逆全球化思潮愈演愈烈，贸易安全发展面临新挑战，粮食、能源资源、关键技术和零部件等产品面临断供风险。下一步，应做到坚持外贸高质量发展和高水平安全有机统一，加强贸易领域风险防范，增强在对外开放环境中动态维护国家安全的能力，提升粮食、能源资源、关键技术和零部件等关键产品的贸易安全水平，加快培育应对贸易新议题挑战的能力，丰富贸易调整援助、贸易救济等政策工具，妥善应对经贸摩擦，健全外商投资国家安全审查、反垄断审查和国家技术安全清单管理、不可靠实体清单等制度，建立重要资源和产品全球供应链风险预警系统，构筑与更高水平开放相匹配的贸易风险监测和防控体系。

（三）重点任务

1.优化国际市场布局

优化进出口市场布局。继续深耕传统市场、拓展新兴市场，扩大与周边国家贸易规模，稳定国际市场份额。加强细分市场研究，继续深化与发达国家贸易合作，积极拓展与亚洲、拉丁美洲、非洲等新兴市场贸易。综合考虑市场规模、贸易潜力、消费结构、产业互补、国别风险等因素，扩大出口市场和进口来源。拓展贸易合作新领域，加强数字、绿色等贸易合作。推进贸易畅通建设，推动与重点市场国家特别是共建“一带一路”国家商建贸易畅通工作组、电子商务合作机制、贸易救济合作机制等，消除双边和区域贸易合作障碍。利用新技术新渠道开拓国际市场，充分运用5G、VR、大数据等现代信息技术，利用线上展会、电商平台等渠道开展线上推介、在线洽谈和线上签约等，积极扩大对外贸易。

加快实施自贸区提升战略。优化自贸区布局，高标准推进《区域全面经济伙伴关系协定》（RCEP）生效实施，继续推动加入《全面与进步跨太平洋伙伴关系协定》（CPTPP）和《数字经济伙伴关系协定》（DEPA），稳步推进亚太自贸区建设，进一步推动中日韩自贸协定谈判，以及与海湾合作委员会、以色列、厄瓜多尔等的自贸协定谈判。深化与"一带一路"沿线国家贸易合作，发挥中国国际进口博览会、中国进出口商品交易会、中国国际服务贸易交易会以及中国－东盟博览会、中国－东北亚博览会、中国－中东欧国家博览会、中国－非洲经贸博览会等合作平台，积极开展经贸合作和政策对接，共同参与国际贸易规则和标准制定。

2.优化国内区域布局

做强各地区外贸优势。支持东部地区对标国际高标准贸易规则，打造高水平开放平台，提高贸易质效。加强京津冀协同发展，建好雄安新区开放发展先行区。更好发挥海南自由贸易港、上海自由贸易试验区临港新片区作用，对标最高标准、最高水平，实行更大程度的压力测试，在重点领域率先实现制度创新。以广州南沙、深圳前海、珠海横琴等重大合作平台为重点，加强贸易领域规则衔接、制度对接，推进粤港澳市场一体化发展。支持中西部地区深度融入共建"一带一路"大格局，构筑陆海新通道，打造内陆开放新高地，提升中西部地区贸易份额。支持东北地区开展大宗资源性商品进出口贸易，发挥装备制造业基础优势，积极参与承揽大型成套设备出口，发挥中俄远东合作规划、大图们倡议等合作机制作用，提升面向东北亚合作水平。创新东中西和东北地区外贸合作机制，促进各区域协调发展。

建好国内各类开放平台。强化自由贸易港、自由贸易试验区、沿边重点开发开放试验区、国家级经济技术开发区、综合保税区等开发开放平台功能，推动贸易质量效益提升。有效发挥自由贸易港、自由贸易试验区先行先试的作用，对重点产业、重点产品、重点企业给予贸易投资便利化自由化政策和税收优惠政策，大力引进关键产业、关键产品、关键企业。积极发挥沿边重点开发开放试验区的引领作用，深化与周边国家的跨境贸易和产业合作，打造跨境产业链供应链，以试验区带动沿边省区产业转型升级和提升国际化水平。大力发挥综合保税区等平台的政策优势，积极开展保税贸易、保税加工、保税维修、保税物流、跨境电商、跨境金融等产业，形成具有“保税+”特色的产业体系。

3.优化贸易方式

优化各类贸易方式。做强一般贸易，扩大一般贸易规模，增强谈判议价能力，加强产品研发与品牌、质量和渠道建设，加快技术创新，增强关键技术、核心零部件生产和供给能力，支持龙头地区、行业和企业建立品牌推广中心，形成具有国际竞争力的出口品牌。提升加工贸易，加大对加工贸易转型升级示范区和试点城市的支持力度，提升加工贸易技术含量和附加值，推动产业链延长和升级，由加工组装向技术、品牌、营销环节延伸，支持保税加工、保税维修等加工贸易新业态发展，动态调整加工贸易禁止类商品目录。落实促进边境贸易创新发展政策，培育壮大边境特色优势产业，持续优化边民互市贸易进口商品负面清单和不予免税清单，推进边民互市进口商品落地加工试点，发展边境贸易商品市场和商贸中心。

促进内外贸一体化。健全内外贸相关法律法规体系，逐步形成内外贸、内外资统一的维护公平竞争的法律、法规、制度。加快清理各级政府涉及外贸外资的法律、法规、规章和政策性文件，推动限期废止或修订同国家对外开放大方向和大原则不符的法律法规或条款。加强与国内外经贸规则的对接，以申请加入CPTPP、DEPA为契机，在知识产权保护、政府采购等议题上率先对接国际高标准经贸规则。推进技术标准、质量标准、检验检测、认证认可等国内国际对接，推动国内标准走出去，积极参与国际标准制定，提高我国标准国际影响力。推动在同一生产线上，按照相同标准、相同质量要求生产的产品既能出口又能内销，实现内外销自由转换。

4.发展贸易新业态

加快贸易新业态发展。充分挖掘跨境电商等潜力，完善跨境电商发展支持政策，深入培育跨境电商综合试验区，扩大试点范围。开展市场采购贸易创新提升专项行动，吸引更多内贸主体开展外贸。完善覆盖全球的海外仓网络，支持企业加快重点市场海外仓布局，鼓励海外仓企业对接跨境电商综试区线上综合服务平台、国内外电商平台等。积极发挥自由贸易港、自由贸易试验区先行先试作用，推动外贸创新发展，提升外贸便利化自由化水平。

支持离岸贸易创新发展。创新金融监管，鼓励银行探索优化业务真实性审核方式，提升审核效率，对真实合规的离岸贸易业务提供优质金融服务。支持在海南自由贸易港、自由贸易试验区以及其他具备条件的地方发展离岸贸易。推动建立全国性或区域性离岸贸易行业组织、离岸贸易协调机制和信息平台等。加大离岸贸易企业培育力度，探索培育一批风险控制能力强、内部合规制度健全的离岸贸易经营主体，并为企业开展离岸贸易提供良好的市场条件和公共服务。

5.夯实贸易发展的产业基础

促进制造业有序转移。引导劳动密集型产业重点向中西部劳动力丰富、区位交通便利地区转移，促进技术密集型产业链向中西部和东北地区中心城市、省城副中心城市等创新要素丰富、产业基础雄厚地区转移。引导各地发挥比较优势承接产业转移，西部地区重点承接东部地区产业转移，东北地区重点发展高端装备等传统优势产业转型升级，中部地区重点承接新兴产业布局和转移，东部地区强化关键核心技术创新，全面提高各地产业对外开放水平。支持加工贸易梯度转移，积极发挥加工贸易梯度转移重点承接地、承接转移示范地、加工贸易产业园等载体作用，优化区域产业链布局，充分发挥中国加工贸易产品博览会等的作用，推动加工贸易业态模式、对接机制、政策协同等创新，提升中西部和东北地区整体承接能力。

保障外贸产业链供应链稳定。建立外贸重点企业“白名单”制度，梳理企业生产运行面临的困难挑战，积极解决企业面临的生产、物流、用工等各方面问题。健全完善涉重点产业链、重点地区、重点企业的跟踪研判机制，有针对性指导外贸企业生产活动。积极对接产业链供应链重点环节企业的需求，全力协调产业链上下游企业生产、供应对接。保障外贸货物国内运输畅通，建立重点外贸企业服务保障制度，及时解决外贸企业的困难问题。推动解决国际物流压力，海运方面，推动扩大国际班轮公司直客对接的业务规模，尽可能满足中小微外贸企业用舱需要；铁路方面，加强与国际货运班列沿线国家沟通协调，提高铁路口岸通关及作业效率；航空方面，用好航空货运运力，保障重要零部件、装备和产品运输。

6.增强外贸综合竞争力

推动货物贸易与服务贸易融合发展。一方面，以货物贸易带动服务贸易的发展。发挥我国货物贸易第一大国的优势，带动相关服务贸易发展，特别是配套的维修、运输服务等。推动高技术、高附加值产业在更高水平上参与国际合作，带动知识密集型服务出口，鼓励成熟产业化技术出口。加快服务外包与制造业融合发展，加速制造业服务化进程，推动制造业数字化转型，利用5G、物联网等新兴技术发展数字制造外包。另一方面，以服务贸易促进货物贸易的发展和水平提升。提升传统服务贸易综合竞争力。增强国际运输服务能力，推进现代国际物流供应链发展，加快构建现代国际物流供应链体系，更好地发挥中欧班列和西部陆海新通道的作用，带动中国产品遍布全世界。加快发展新兴服务贸易，支持通信、研发、设计、认证认可、检验检测等知识密集型服务贸易发展，推动金融服务以及知识产权、人力资源、语言服务、地理信息、法律、会计、咨询等专业服务走出去，积极发展研发、设计、维修、咨询、检验检测等生产性服务外包。

统筹对外贸易发展与安全。一是保障粮食、能源资源等战略物资安全。建立重要资源和产品全球供应链风险预警系统，培育国际龙头粮食、能源资源企业，支持企业融入全球农产品、能源资源供应链。提升维护贸易通道安全能力，支持外贸企业与航运企业加强国际运输战略合作，提升海外能源资源全链条进口保障能力。持续完善大宗商品期现货市场，培育国际化的大宗商品交易中心，完善定价机制，提高大宗商品定价的话语权。二是保障跨境数字贸易安全。建立健全数字贸易促进政策体系，探索发展数字贸易多元化业态模式，加快建立数据资源产权、交易流通、跨境传输、安全保护等基础制度和标准规范。在国家数据跨境传输安全管理制度框架下，开展数据跨境传输安全管理试点，加强数字贸易国际合作。三是强化风险防控体系建设。健全贸易摩擦应对体制机制，建立贸易摩擦预警体系，加强对重点企业分类指导，提高企业应对和防范贸易风险的意识和能力。推进贸易调整援助制度建设，提升贸易救济政策工具效能，营造公平竞争的国际贸易环境。完善出口管制体系，优化禁止、限制进出口技术目录，妥善应对外国滥用出口管制等行为，维护我国国家安全。

第四章
全球产业链重塑背景下提升我国在产业链中地位的思路

内容摘要： 百年变局和世纪疫情对全球经济复苏产生持续扰动，美日欧等发达经济体为确保“经济和战略独立性”选择将关键生产环节迁回国内，部分新兴经济体为加快经济重建制定更具吸引力的招商引资政策，全球产业链布局调整势头不减、区域合作网络建设步伐加快，“工业4.0”更是对传统的国际分工体系带来了颠覆性的改变，全球产业链重塑已成大势所趋。如何通过自身完善的工业体系、庞大的市场规模以及在部分领域已经建立起来的技术优势巩固我国在全球分工网络中的核心地位，将是未来一段时期内参与全球高水平经贸合作需要解决的问题。因此本章以全球产业链形成特点为切入点，深入探讨全球产业链重塑趋势及我国面临的机遇与挑战，并为巩固我国在全球产业链核心地位提出路径及相关建议。

一、产业链的形成与全球产业链的演变历史

（一）产业链的理论研究

有关产业链的理论最早可追溯到西方古典经济学家亚当·斯密（Adam

Smith）关于分工的论断，他认为产业链就是企业内部通过不同部门分工作业，将各类零部件组装完成并传递给最终消费者和产品使用商的一种抽象性概念。阿尔弗雷德·马歇尔（A Marshall）提出跨企业间合作，强调企业间的分工协作是产业链形成的根本原因。阿尔伯特·赫希曼（Albert Otto Hirschman）在《经济发展战略》中对马歇尔提出产业链理论进一步加以扩充，提出产业的前向联系和后向联系，将产业链向上下游进一步延伸。史蒂文斯（Stevens）认为产业链应包括产品链、信息链和功能链，进一步扩充了产业链的内涵。

随着20世纪90年代国际分工的不断深化，有关价值链和供应链的研究逐渐替代产业链成为产业经济学的研究热点，如加里·杰里菲（Gary Gereffi）认为全球商品价值链形成不仅是企业跨国生产经营的结果，同时也是企业跨国生产与贸易一体化的结果。凯普里斯基（Kaplinsky）认为国际分工使各国的比较优势发挥得更充分。但由于价值链和供应链的建立仍围绕分工合作，相关价值链和供应链的理论仅是从微观层面对合作网络的形成与发展进一步讨论，因此从某种程度上来讲可视为对产业链研究的进一步丰富。

（二）全球产业链演变历史及驱动因素

全球产业链演变过程大体可以分为以下四个阶段：

一是形成萌芽期（1765—1945年）。起源于英国的工业革命在极大限度地提高生产力的同时，也使劳动力供给不足、土地供应短缺等一系列问题逐渐暴露。随着英国将国内低附加值生产环节转移海外，产业链也逐渐开始从本土向海外区域拓展。第二次世界大战期间，美国依靠其地理优势将大量国际资本和技术人才吸引到当地，并逐渐取代英国成为全球产业链构建的主导者，钢铁、纺织等劳动力密集产业产能过剩也为产业链向全球拓展奠定了基础。

二是高速发展期（1946—2008年）。第二次世界大战结束后，合作发展成为全球主旋律，对外贸易和投资壁垒大幅度减弱，为各国发挥自身比较优势、把握技术革命机遇、参与全球分工创造了良好的条件。1994年乌拉圭回合谈判结束之后，各国间贸易和投资壁垒进一步被打破，国际产业分工不断深化，范围也逐步扩大，生产链条逐渐拉长，最终形成了大型跨国公司主导的、将产业链的不同环节放置在不同区域的全球产业链格局。

三是局部收缩期（2009—2017年中美经贸摩擦）。国际金融危机让发达国家重新审视早期“去工业化”政策，经济社会发展、中产阶级人口规模不断扩大使得越来越多的发展中国家将更多的产品用于满足国内市场而非出口海外，早先基于差别劳动力成本和劳动力套利的跨国贸易模式转变为更加类似于基于产品和技术差异的行业内贸易模式。第四次工业革命也给了部分发展中国家在高新技术产业与发达国家一争高下的机会，全球产业链第一次呈现出区域化、独立化趋势。

四是结构深度调整期（2018年至今）。自中美经贸摩擦发生以来，美国政府先后出台一系列法案推进本土产业链建设，并通过提升对外投资审查、加征进口关税等措施推动以美国为最终市场的产业链“去中国化”，加速了全球产业链缩短的态势。新冠疫情暴发致各主要经济体产能严重下降，关停运输通道致各国跨境流动严重受阻，各国政府从本国产业链安全性考虑，倾向于缩短产业链以防范因全球产业链再次中断的风险，全球供应链和产业链本地化、区域化、去中心化趋势加速。

（三）产业链重塑的驱动因素分析

目前主流观点认为产业链形成的根本驱动因素仍在于资本逐利化。随着经济发展和科技进步，交通运输、资源供给和产品需求等条件逐步发生变化，最初在某些有利于发展的优势国家或地区设立并集聚起来的跨国企业已无法实现利润最大化，部分企业选择将某些产业从一个国家或地区转移到另一个生产更具经济性的国家或地区继续发展，从而造成了产业链的调整。

以受成本要素影响最为敏感的纺织业为例，自2015年以来，我国在全球服装出口总额中所占份额逐年下降，但越南、孟加拉国等纺织产业占国民经济较大比重的发展中国家出口占全球总市场份额均出现不同程度提升。主要原因在于随着我国经济结构的优化升级，越来越多的劳动力从早期的纺织、皮革等劳动密集型产业向通信、金融等服务业转移，房地产过热造成可利用土地空间缩小。如在考虑中小型外贸服装厂①单月订单生产相同的前提下，测算2022年中国、印度、越南等6个全球主要纺织品生产国所花费的成本，从测算结果来看，2022年我国在人工成本方面已经明显高于印度、孟加拉国等5个国家，尽管在土地成本方面我国与越南、印度相比具有一定优势，但受近年出台的一系列抑制产能过剩和环境规制等限制政策影响，仅凭土地成本优势已无法从根本上解决我国纺织业生产成本较高的问题（见图4-1）。

除受成本要素驱动外，灾害、战争、外交等非经济因素对产业链的影响也在逐渐凸显。新冠疫情造成的全球医疗产业链重构在一定程度上反映了非经济因素对产业链带来的影响。为摆脱医疗用品等“战略性物资”对外部的依赖，美日欧等发达经济体纷纷出台鼓励性政策支持企业在本国投入生产线用于医疗物资生产。如美国医疗用品领先制造商梅得朗（Medline）获得美国国防部600万美元财政拨款后对其乔治亚州利西亚斯普林斯市的工厂进行改造，口罩本土产能将在2022年后达到3 600万只/月。但通过数据测算可以发现，此举并未显著降低该企业的运营成本，如美国单只口罩生产成本约为15

① 中小型服装厂的标准为建筑面积小于1 000平方米，雇佣员工不超过50人，月产量不超过2万件。

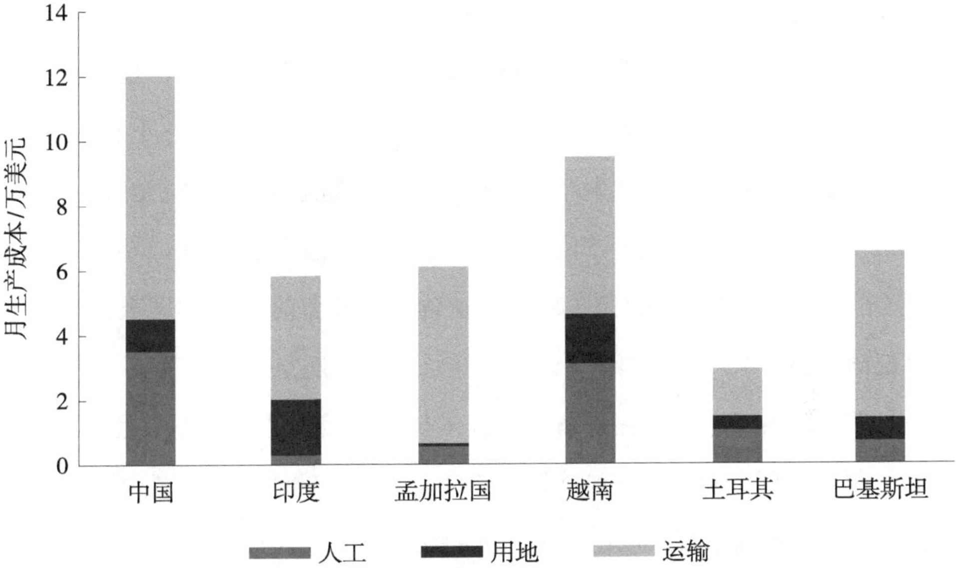

图4-1　2022年部分国家同等规模纺织厂成本结构

数据来源：各国投资促进局网站、国际劳工组织、iContainers和作者计算。

美分，而我国生产单只口罩仅为5.4美分，考虑到运输成本（1美分/只），美国本土口罩生产月成本将较从中国进口同样规模口罩高出近310万美元，美国口罩产业链回归本土明显违背生产成本最小化原则，但正如凯恩斯主义所描述的，政府可通过扩大政府开支，实行赤字财政，刺激经济等维持经济繁荣。

二、当前全球产业链的主要特点及我国所处地位

（一）全球产业链的特点

科技进步、产业分工和经济发展差异使得全球产业链不断调整优化，建立在国际贸易基础上的产业链和供应链融合发展形成全要素、全产业链、全价值链全面连接的新型生产制造和服务体系，百年变局叠加世纪疫情又使得

原本较为稳定的全球分工体系呈现出一系列新的特征。

就国际分工来看，以垂直专门化分工为代表的跨国产业链仍是全球产业链格局的主体。一方面，欧美发达经济体在全球生产网络中仍处主导地位。如，欧盟、北美两大区域性生产网络在全球生产制造中的份额仍然较大，尽管2022年北美、欧盟两大生产网络出口占全球的比重合计较2017年下降了约6个百分点，但仍高达40.1%，2022年货物出口排名前10位的国家，除了中美日三国，还有欧洲五个国家。芯片、集成电路、航空发动机等核心零部件，以及伺服电机等高精尖机械设备生产技术仍由欧美发达经济体所垄断（见表4-1）。另一方面，随着新兴经济体纷纷完善本土供应链，全球产业链“东升西降”趋势正逐渐显现。以占全球产出的比例衡量，2017年至2022年间，发展中国家中间品贸易下降超5个百分点，主要原因在于我国将更多产品用于满足国内需求而非出口海外。

表4-1　核心零部件头部企业全球市场份额占比及所属经济体情况

排名	芯片行业	集成电路行业	航空发动机行业
1	台积电（54%，中国台湾）	三星电子（12.3%，韩国）	美国普惠（29.8%，美国）
2	三星（17%，韩国）	英特尔（12.3%，美国）	通用（23.5%，美国）
3	联华电子（7%，中国台湾）	海力士（6.1%，韩国）	赛峰（12.2%，法国）
4	格罗方德（7%，美国）	美光科技（4.8%，美国）	霍尼韦尔（9.7%，美国）
5	中芯国际（5%，中国）	高通（4.6%，美国）	劳斯莱斯（7.4%，美国）
总占比	90%	40.1%	82.6%

（二）重点产业全球产业链现状

1.汽车产业

从汽车产业链全球布局来看，我国几乎包含汽车产业供应链的所有环节，具有一定优势的环节主要集中在车身内外饰、冲压零部件、电池、电机、电气设备等，而发动机与控制系统、高端变速箱、精密零件、总成技术系统等汽车核心高附加值环节的优势依然集中在德美日等发达经济体（见表4-2）。

表4-2　重点国家汽车供应链优势环节

国别	汽车供应链优势环节
中国	车身内外饰、冲压零部件、电池、电机、电气设备等
美国	芯片、计算平台、计算机存储、电喷系统、精密零件等
德国	精密零件、发动机与控制系统、电喷系统、汽车主被动安全系统、高端变速箱、工业设备等
法国	精密零件、发动机与控制系统、电喷系统、汽车主被动安全系统、高端变速箱等
日本	液晶装置、光学仪器、电子电器、电池、总成技术系统、集成电路
韩国	液晶装置、光学仪器、电子电器、电池、总成技术系统、集成电路

从汽车品牌的全球布局来看，德美日韩品牌几乎垄断了全球3/4的汽车销售市场。2022年全球汽车销量最多的是日本丰田集团，全年销量达到1 050万辆，占全球的市场份额约为17.7%，韩国现代、意大利斯特兰迪、美国通用、日本本田、美国福特、日本铃木、德国宝马等也是全球汽车销量领先的企业，这八大企业合计占全球汽车销售量的比重高达98.4%。

2. 纺织产业

纺织服装加工的产业链大致可以分为原材料加工、纺织印染、服装制造和服装零售四个环节。从纺织服装产业的全球布局来看，2011年以来南亚和东南亚大规模承接外部产业转移，逐渐成为全球纺织业和成衣制造业的主要产地，越南超过韩国成为世界第六大纺织品出口国，但短期内，中国、欧盟、印度三大纺织品出口地地位仍无法动摇，2022年，中国、欧盟和印度仍是全球三大纺织品出口地。三地区纺织品出口量合计占全球的6成以上。

3. 电子信息产业

电子信息产业链主要包括部件制造和设备组装，其中重要部件包括电子元器件（包括芯片）、显示面板、相关耗材等。仅从笔记本电脑来看，2022年，全球笔记本电脑销量近300万台，其中联想集团仍占全球笔记本电脑销量最大份额，第2～5位分别为惠普、戴尔、苹果、宏碁。但从产业链细分来看，除德赛和京东方在全球笔记本电脑零部件市场占有一席之地外，包括主板、内存、中央处理器（CPU）在内的核心零部件基本被美、日、韩和中国台湾牢牢把控，其中CPU全球前5大生产厂商美国占4家，英特尔、超威半导体公司（AMD）在2022年的销量占到全球CPU市场份额的90%以上，主板生产商中4家为台企，2022年总销量占到全球主板市场近50%（见图4-2）。

就生产线分布来看，我国为主要生产线布局地区，如东芝、英特尔及绝大多数电池、主板跨国公司都在我国建有代工车间，但近年受我国生产成本及环保约束因素影响，加之欧美发达国家对我国采取技术封锁，包括主板、芯片等产业已成为从我国向南亚和东南亚国家转移的“重灾区”。为迅速抢占当地市场，LG电子、三星电子、索尼公司等主要电子制造厂商自中美竞争加剧以来便逐渐加大对越南、马来西亚的投资力度，LG电子计划斥资7.5亿美

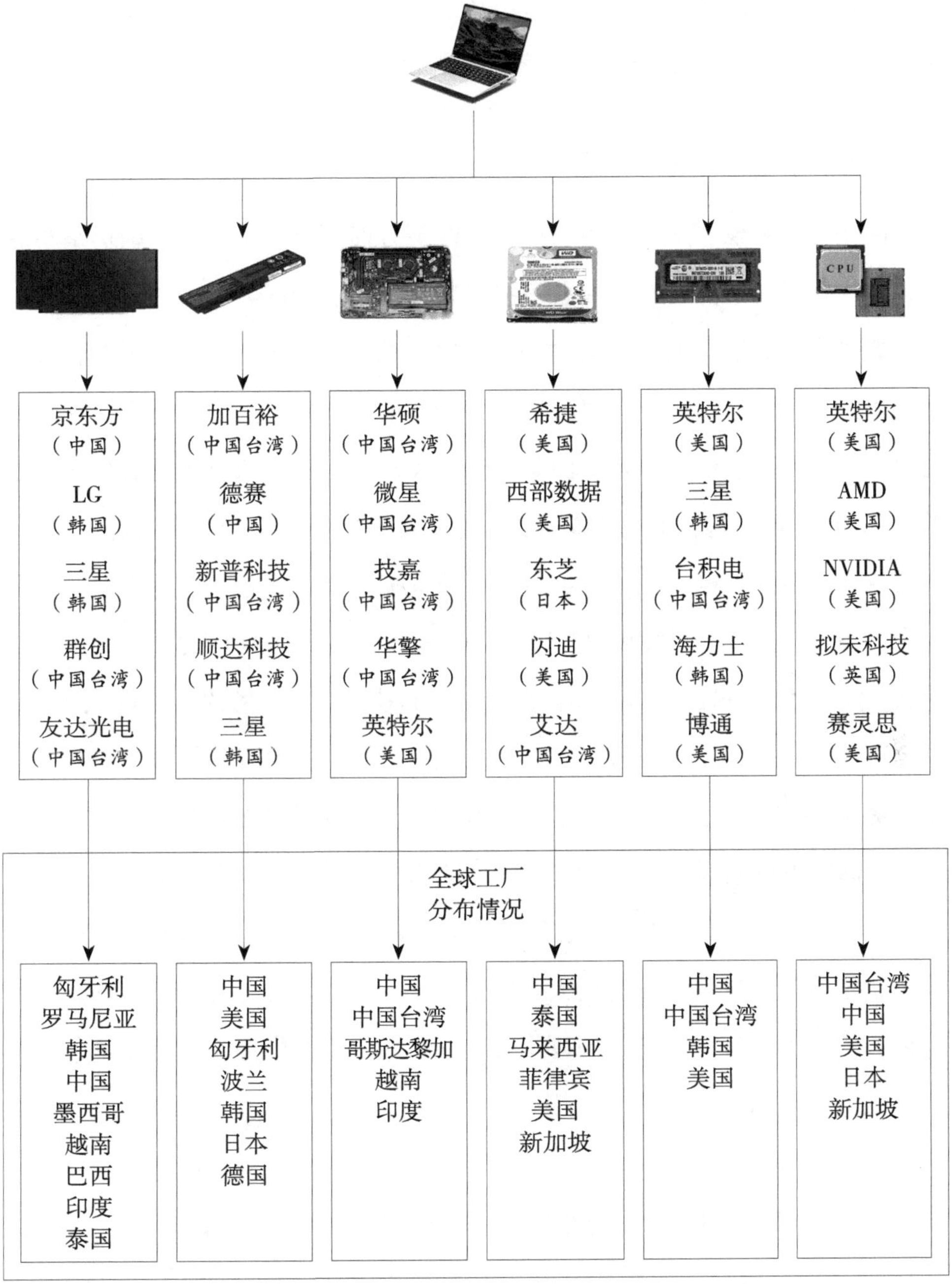

图4-2 笔记本电脑产业链细分情况

数据来源：公开网络资料与课题组整理。

元扩大越南有机发光二极管（OLED）产能，三星电子将扩大其在马来西亚的半导体工厂的生产空间，用于5纳米芯片制造。

（三）我国在全球产业链中所处的地位

依托营商环境、人才资源、配套产业等方面的综合优势，我国仍是集成电路、生物医药、高端机械装备等技术密集型产业跨国公司的主要投资目的地，但受中美经贸摩擦、美国“印太战略”以及疫情冲击等因素影响，部分高技术制造业领域跨国公司对华投资势头有所放缓，个别企业甚至将在华的关键零部件制造、研发等环节向其他经济体转移。根据联合国贸易数据库数据，2021年我国计算机通信和其他电子设备制造业、交通运输设备制造业、仪器仪表制造业、电气机械与器材制造业规模以上外资企业总资产增速分别仅为11.6%、7.2%、8.1%和14.5%，相较行业平均水平分别低了6.5、2.8、5.4和2.0个百分点。这已经对我国在全球部分高技术产品市场的优势地位造成了一定负面冲击，2021年我国对美国出口光学设备、芯片所占份额分别较2016年下降6.7和1.6个百分点，而墨西哥所占份额则上升了3.4和0.4个百分点，中国台湾所占份额则上升了1.7和1.9个百分点。通过对联合国贸易数据库中九类电子产品进行比较优势指数（RCA）测算，笔者发现目前我国面临来自菲律宾、越南等出口竞争压力较大（见表4–3）。总体来看，我国在集成电路、生物医药等技术密集型产业跨国公司全球布局中仍有优势，但面临竞争更加激烈。

表4–3　我国与东盟国家电子产品优势指数对比

国家	芯片及电子元器件	办公设备	光学测量设备	其他通信设备	数码相机	打印机及扫描仪	电视及录音机	移动电话	电子计时器
中国	1.42	2.96	1.6	0.53	1.54	2.56	3.41	1.02	2.24

续表4-3

国家	芯片及电子元器件	办公设备	光学测量设备	其他通信设备	数码相机	打印机及扫描仪	电视及录音机	移动电话	电子计时器
文莱	0	0	0.02	0	0	0	0	0	0.02
柬埔寨	0.05	0.05	0.03	0.04	0	0.05	0.03	0.01	0.13
印度尼西亚	0.19	0.39	0.16	0.32	0.01	0.35	0.96	0.26	0.06
老挝	0.05	0.11	0.2	0.59	0	2.38	4.51	1.34	0
马来西亚	6.74	1.42	1.97	3.34	0.76	0.73	1.43	1.03	0.41
缅甸	0	0.06	0.08	0.23	0.01	0.87	0.03	0.07	0.15
菲律宾	5.80	4.54	1.27	2.85	0.03	2.39	2.21	0.38	0.68
新加坡	3.35	1.08	2.39	2.71	0.39	1.39	0.16	0.79	0.73
泰国	1.18	2.54	0.81	1.82	0.07	2.38	1.08	0.92	1.13
越南	2.41	1.30	0.48	1.30	0.11	0.67	4.51	6.26	0.10

数据来源：联合国贸易数据库。

资源密集型产业方面，钢铁、有色、石化等重化工产业链是我国优势明显的产业。随着一系列低能耗、高效益的优质项目持续投产，精炼铜、精炼铝产量占全球比重分别由2016年的36.3%、55.2%上升到2021年的42.3%、56.9%，乙烯、苯、精对苯二甲酸产量占全球比重也呈现上升趋势，只有粗钢占全球比重因钢铁产业淘汰落后产能的原因有所下降。但需要注意的是，在这些产业中，我国一些高附加值的先进高分子材料、半导体材料、高性能纤维、高品质合金等仍然严重依赖日本、韩国、美国等跨国公司供应。综上，我国在钢铁、有色、石化等资源密集型产业全球产业布局中具有明显优势，但在部分高附加值产品领域也存在隐性的生产环节缺失。

三、全球产业链重塑的总体趋势及变化特点

新冠疫情对全球贸易和投资格局以及跨国企业的运营模式产生重大影响，未来十年全球产业链也将因要素资源跨国配置调整发生根本性转变。

（一）以垂直专门化分工为代表的跨国产业链仍是全球产业链格局的主体

在经历了数轮调整后，工业制成品的生产分工愈来愈广，生产工序不断细化，生产链条逐渐拉长，全球产业链已经形成横向覆盖各国、纵向延伸至各个生产环节的复杂“产业网”。一方面，随着美、欧、东亚依托自身的要素禀赋构建合适的产业链体系以满足需求，出台适度降低的环保标准、加大税收优惠政策、给予财政补贴等一系列政策对全球产业链的长度、区域分布和治理将产生不同的影响，并最终造成全球产业链“微笑曲线”的拉平、挤压或弯曲。但由于低附加值类产品如果在美日欧本土生产将造成物价上涨，因此其多采取“少量迁回本土以备不时之需，多数留在海外缓解成本压力”的多点分布策略。另一方面，尽管新兴经济体正在完善本土供应链，以降低对进口中间品的依赖，在各条产业链均实现了位势上升，但并未从根本上解决产品的品牌、营销和研发环节严重依赖欧美发达经济体的问题，因此短期内仍将扮演低附加值的加工者角色，欧美发达经济体在全球生产网络中仍处主导地位，新兴经济体配合生产的全球产业链布局不会发生根本性改变。

（二）全球产业链运行将进入较长一段时间的相对静止期

尽管对于许多跨国企业来说，重组其全球产业链以及回流和近岸外包并非易事，但这种趋势正在出现并加速演变，主要反映在以下两个方面：一方面是全球货物贸易增速放缓。根据联合国贸易与发展会议（UNCTAD）数据

库测算，2010年第三季度以来，全球进口量和出口量的增速均明显下行，在0～5%震荡。尤其是2018年以来，受以中美贸易战为代表的世界经贸冲突加剧影响，全球进口和出口增速出现明显的下行趋势，而且这种放缓并非仅仅体现在某几个特殊行业中，而是各行业的普遍放缓。另一方面是参与全球价值链的贸易总额增速明显放缓。

（三）数字技术应用将成为全球产业链重塑的巨大驱动力

信息与通信技术（ICT）的发展无疑促进了全球分工合作向一种新的模式转变。一方面，对机器人、协同机器人和人工智能的投资可以提高高收入国家的生产率和产能利用率，促使跨国公司将生产回流到发达经济体，根据德勤公司调查，45%的美国企业已在2022年加大对连接机器和自动化流程的工业物联网（IIoT）的投资，到2025美国人工智能技术投资的复合年增长率（CAGR）也预计将超过20%，工业5G部署也在2022年扩大。另一方面，5G、数字货币、人工智能等新技术持续涌现使得生产要素成本对产业链影响程度将日趋弱化，3D打印的使用形成了新的推动力，推动进一步的生产碎片化。

（四）我国全球产业链枢纽地位难以撼动但参与全球产业分工合作挑战明显加大

自特朗普时期开始，美国便开始在机械、医药及医疗器械、电子、新能源汽车等关键制造业领域加大投资，同时运用关税等手段限制我国相关产品对美国的出口，从而推动以美国为最终市场的产业链“去中国化”。但在全球产业链的形成与发展进程中，我国在劳动力资源、成本以及基础硬件设施等方面占据着比较优势，并已确立了我国在机械、电子等行业的精密零部件全球生产核心的地位。短期内我国可凭借完善的工业体系、巨大的国内市场、良好的营商环境等确保制造业中心地位不受动摇，但由于机械、电子等行业的精密零部件生产核心技术大多由发达国家掌控，随着部分发展中国家产业链继续完善，美日欧等发达经济体产业链布局调整逐渐成型，我国通过使用高精尖的进口半成品、零部件以及资本品对工业生产和出口进行转型升级的全球分工参与模式恐无法继续延续。

四、我国参与全球产业链重塑的机遇与挑战

全球产业链重塑势头不减、区域合作网络建设步伐加快，“工业4.0”对国际分工体系带来了颠覆性的改变等为我国继续确保在全球分工网络核心地位、抢夺全球产业链重塑战略主动带来了新的机遇，也形成了一系列严峻挑战。

（一）面临的机遇

依托国内庞大完整的工业体系、富有活力的消费市场以及一系列增强制造业核心竞争力、加强原材料和关键零部件等供给保障的政策措施，我国产业链运行保持强大韧性，在全球产业链中的位置稳中有升，未来我国参与全球产业链重塑机遇进一步显现。

一是我国是以垂直专业化分工的全球产业链价值链合作最大受益者。参与全球价值链分工是我国实行对外开放战略以及深入融入全球化、实现快速工业化的关键路径。从20世纪50年代开始到80年代，全球共经历了三次产业转移，而我国正是在第三次产业转移中成为最大的产业转入国，并以加工贸易方式和垂直专业化分工融入全球价值链、产业链体系。得益于以全球价值链为主导的新型国际分工模式，我国在较短时间内发展成为规模与深度兼具的制造基地，在制造业的大多数部门和生产环节都具有较强的生产能力，特别是在电子、汽车、机械等以产品内分工为主的部门，形成了较为完整的产业链和产业集群，吸引了越来越多的国际产业转移。加入WTO以来，我国在全球产业链的地位已经大幅度攀升，与美国、欧盟一起成为全球中间品贸易

三大中心，也是亚太中间品贸易中心。我国在某些战略性新兴产业中的关键技术处于领先地位，如5G高速无线互联网设备和服务、人工智能、量子计算和其他新技术方面具有很强的竞争力。在新能源开发、新能源汽车、智能电网、轨道交通等领域，无论是技术还是产能都处于领先地位。在全球电子产品产业链中，东亚和太平洋地区一直是电子产业链最密集的地区，我国则是这一区域外国直接投资的主要目的地和全球产业链发展的主要推动者。目前，全球20%的商品来自我国（1995年只有4%），在纺织和服装、电力机械以及玻璃、水泥和陶瓷等领域，全球近一半的产量来自我国。2022年我国经济总量达到18万亿美元，增长3%，经济的持续稳定增长使我国在全球几乎所有生产价值链中都占据了一席之地。

二是全球经济复苏大背景有利于我国继续巩固产业链地位。我国作为全世界唯一拥有联合国产业分类中全部工业门类的国家，是全球工业体系和行业门类最完整、产业链条最长的国家。根据中国海关总署统计，2022年我国货物贸易进出口总值42.07万亿元人民币，比2021年增长7.7%。其中，出口23.97万亿元，增长10.5%；进口18.1万亿元，增长4.3%。2022年我国对“一带一路”沿线国家进出口增长19.4%，占我国外贸总值的32.9%，提升3.2个百分点。在全球经济陷入衰退、逆全球化呼声甚嚣尘上、民粹主义沉渣泛起的国际大环境下，我国和东盟十国、日本、韩国、澳大利亚和新西兰等15个成员国顺利签署RCEP。此次RCEP协议签署中，我国关税减让承诺覆盖产品种类从纺织类产品、家电零部件等进一步扩充到新能源电池、特种钢材等产品，关税减让涉及产品种类之多为历史之最（见表4-4）。受RCEP红利期影响，2022年我国对14个成员国进出口增长7.5%。疫情造成各国政府更倾向于优先确保本国产业重启的各类生产要素供应而降低出口规模，但由于绝大多数发展中国家尚不具备全部中间品本土化生产的能力，因此美日欧等发达经济体主导的产业链重塑尽管造成我国对其出口份额出现较大幅度下降，但也在一定程度上提升了新兴经济体对我国的贸易依赖，我国可短期确保在劳动密集型产业国际生产网络中“节点”和“枢纽”不受动摇的同时，逐渐提升在技术、资本密集型产业链中的位置，最终成为此次全球产业链重塑的最大受益者。

表4-4　我国从重点国别进口的规模较大产品RCEP关税减让表

进口国	HS编码	进口产品	2020年1—11月进口额及在相关门类进口产品排名	早期FTA关税减让承诺	RCEP关税减让承诺
越南	31059090	其他肥料	0.2亿元（4）	未实现减让	签署降至0
马来西亚	29053100	1,2-乙二醇	3.7亿元（3）	未实现减让	在基准税率上减让0.5个百分点
	62034290	棉制其他男裤	0.1亿元（5）	2012年进口税率降至16%	10年内进口关税逐渐降至0
	85414010	发光二极管	31亿元（3）	未实现减让	签署降至0
	84798962	自动贴片机	24亿元（5）	未实现减让	签署降至0
印度尼西亚	29025000	苯乙烯	2.3亿元（2）	未实现减让	20年内进口关税逐渐降至0
	29051690	其他辛醇及其异构体	1.7亿元（5）	未实现减让	20年内进口关税逐渐降至0
	61091000	棉制针织或钩编的T恤衫、汗衫、背心	1.3亿元（3）	2012年进口税率降至14%	10年内进口关税逐渐降至0
	62034390	合成纤维制其他男裤	1.2亿元（4）	2012年进口税率降至17.5%	10年内进口关税逐渐降至0
	84433211	专用于品目8471所列设备的针式打印机	3.8亿元（1）	未实现减让	签署降至0
	85322210	片式铝电解电容器	3.3亿元（2）	未实现减让	签署降至0
	85322290	其他铝电解电容器	2.8亿元（4）	未实现减让	签署降至0

续表4-4

进口国	HS编码	进口产品	2020年1—11月进口额及在相关门类进口产品排名	早期FTA关税减让承诺	RCEP关税减让承诺
印度尼西亚	87084091	小轿车用自动换挡变速箱及其零件	2.7亿元（5）	未实现减让	在基准税率上减让4个百分点
	59119000	其他专门技术用途纺织产品及制品	1.3亿元（3）	未实现减让	20年内进口关税逐渐降至0

注：早期FTA是指中韩自贸协定、中国–东盟自贸协定以及中国–东盟自贸协定“升级版”。

三是科技革命和产业变革深入发展促使部分环节产业创新有所突破。欧洲中央银行在2022年发布的《全球价值链：衡量、趋势及驱动》报告中指出，物联网、数字化、人工智能等相关一系列新型数字工业技术的出现和扩散将重塑全球生产网络。为分析数字技术对全球产业链重塑的影响，选取工业机器人的使用，对未来全球汽车产业链调整进行预测性分析。2022年全球汽车行业工业机器人安装量超11万台，同比增长近40%。其中美–加–墨生产网络明显加大了对汽车生产线的投资建设，自动化生产线订单较2020年增长2个百分点，机器手臂、传送带等采购量也明显提升，这说明美国政府大力推行的产业回迁政策已明显提升该国汽车生产线建设水平，未来一段时期内，美国本土企业将有能力调整原有全球供应链布局，在确保营收平衡的同时，完善本土产业链，以有效防范外部风险。与此同时，亚洲生产网自动化生产线订单下降1.8个百分点，主要原因在于韩国和新加坡受全球货物运输受阻问题所影响导致订单减少，但由于我国近年不断加快国内汽车自动化生产水平，因此相关产品进口份额均呈现不同程度提升，2022年，我国电气化生产线、传动装置、自动化设备、组装机器人数量分别增长14.6%、24.8%、17.8%、32.9%。

总体来看，全球产业分工合作模式确实导致汽车制造业等分工细化产业出现了断供，暴露出当前全球供应链尚不具备应对疫情等重大突发事件的能力和稳定性，多区域、分散化的“网状”供应链有利于未来全球产业合作的稳定发展。后疫情时代，以资本逐利性、供应网络安全性为前提的汽车产业链重构难以避免，但综合考虑目前燃油发动机、制动器、变速箱等核心零部件及轮胎、内饰、雨刷器等低附加值产品全球产能的分布，可预测全球汽车产业链重塑将呈现以下特征：亚太地区仍将是车体、轮胎、车架等技术含量较低的中间品生产中心，而发动机、变速箱等中间品是汽车价值链中较为关键、直接影响汽车性能的产品，美德日仍是最主要的三大来源地，但在整车组装环节将随着亚太地区中高端车辆组装环节的明显跃升，由原来的中低端在亚洲、中高端在欧洲向中美“全谱系”生产转变。汽车制造业自动化生产线配置情况见图4–3。

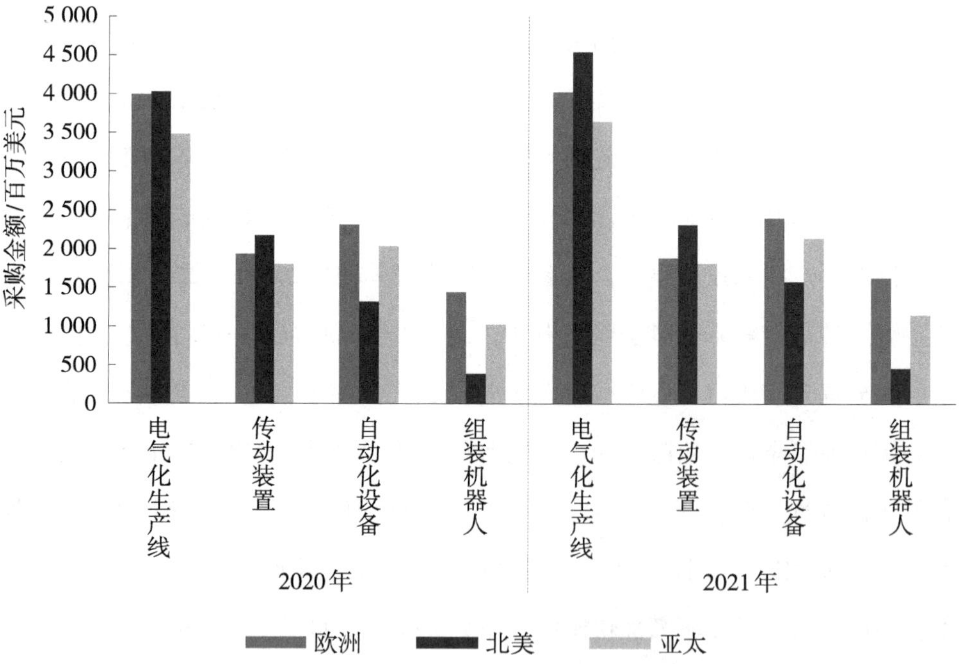

图4–3　汽车制造业自动化生产线配置情况

数据来源：ABB年报。

（二）面临的挑战

新冠疫情进一步暴露出全球价值链的国际分工范式和一体化生产网络的固有脆弱性，随着全球产业链逐渐呈现区域化、碎片化，我国继续深度参与全球生产网络建设也面临前所未有的挑战。

一是部分原料、关键零部件“断供”风险加大。目前我国整体仍处于由最终产品加工制造向高附加值零部件制造跃升的关键期，相当一部分关键零部件等中间品依赖美日欧进口。特别是在汽车行业关键零部件领域，美日欧已对我国进口形成高度垄断，并且我国进口渠道单一问题也较为严重，如我国车辆底盘进口来源国（地区）仅有9个，其中95.5%进口来自马来西亚、德国、瑞典和意大利4个国家，市场结构主要表现为高寡占Ⅰ型。数控机床、芯片等多被马来西亚、印度尼西亚、韩国和中国台湾地区所垄断，但这些亚洲经济体的芯片等核心零部件或直接由美日欧的生产基地生产，或技术严重依赖美日欧授权，实际依赖度要远高于贸易数据反映的数值，因此一旦上述国家和地区对我国进行出口限制，或将打击我国汽车、机械制造等多条产业链且在短期内我国无法通过分散进口渠道解决该问题。芯片方面，为防止日欧通过限制芯片出口对我国高新技术产业发展造成阻碍，我国近年在加强自主研发能力的同时，也在尝试分散进口来源渠道，但受国际形势影响，我国芯片仍面临巨大的“断供”风险。

二是部分高技术技能环节与发达国家“脱钩”情况加剧。美国在机械、医药及医疗器械、电子、新能源汽车等关键制造业领域依托本土市场构建涵盖原材料到最终产品组装的全产业链，运用各种手段限制美国及其他发达国家的企业向我国出口芯片、航空发动机等核心零部件以及和我国企业开展研发合作，造成部分外资企业迫于加征关税、投资审查等压力而将其在我国境内产能外迁。受上述因素影响，我国国内高技术产业外资企业总资产增速明显放缓，三星、台积电、格罗方德等全球大型芯片厂商已在2022年加大美日德芯片代工厂投资力度；德州仪器、和硕等芯片企业在2022年上半年也关闭了在长三角的芯片生产基地，并将产能转移到境外。伴随美国宣布《国防生产法》要求减少对东南亚光伏产品征收进口关税、在美国打造光伏产业链，第一太阳能、太阳能源、加拿大太阳能等全球大型太阳能电池模块厂商已于2022年初开启美国本土工厂选址工作；澳大利亚太阳电缆计划在马来西亚投资建设锂电池及其他电池组建工厂。此外部分技术密集型的研发总部和关键零部件生产基地外迁问题也值得高度关注。如希捷硬盘、甲骨文、爱立信等已相继关闭中国研发中心，台积电计划与索尼合作在日本建立晶元代工厂。总体来看，尽管我国在集成电路、生物医药等技术密集型产业跨国公司全球布局中仍有优势，但面临竞争更加激烈，且高附加值零部件制造、研发总部等已出现外迁现象。

三是传统制造业面临外迁挑战。越南、马来西亚等凭借要素成本优势及产业发展差异化优势大力吸引外资打造电子设备、机械制造等产业集群。自1986年宣布“革新开放”后，越南就以吸引外资为导向开始建设社会主义市场经济。越南通过给予外资企业国民待遇、大力清理国内法律法规，融入全球化的进程明显提速（见表4–5）。

表4–5　越南自由贸易区和投资激励措施

政策	主要激励措施
按三大类经济区划分并制定相应经济发展计划	对外资企业进口当地无法购买的货物免征进口关税，包括机械、车辆、机械设备的零部件和备件、原材料、制造投入和建筑材料。允许偏远山区省份向海外投资者提供降低企业所得税，免征进口关税或土地租金等减免措施
免税/减税措施	对在贫困地区投资公共事业的企业实行4年免征所得税，后9年50%减征的企业所得税征收政策；对非贫困地区开展公共事业投资的企业实行4年免征和随后5年减征50%的所得税政策。对在贫困地区对农业、渔业、节能产能品、矿产加工相关领域开展投资的企业实行2年免征所得税，后4年实行50%减征所得税政策。中小企业将获得包括较低的企业所得税率等优惠。越南的商业实体可以设立免税研发基金。企业最多可以将年度税前利润的10%拨给该基金

资料来源：越南投资部。

目前全球产业链仍多由美日欧控制，其政策调整势必引发全产业链震荡。通过对美国计算机、塑料及橡胶制品、医疗用品、计算机和汽车产业疫情前后产量对比发现，除汽车外，部分生产环节相对简单的产业其本土产能已达到或超过疫情暴发前水平，说明美日欧等发达经济体制定的产业回迁政策对跨国企业生产布局调整已产生影响，原先依靠海外生产基地的低附加值产业正逐步在本土建立起生产线。总体来看，随着部分发展中国家产业链继续完善，美西方产业链布局调整逐渐成型，我国面临来自东南亚、南亚乃至发达经济体的各类显性或隐性产业转移压力在未来十年内将明显加剧，若听之任之势必对我国稳定产业链带来实质性挑战。

五、提升我国在全球产业链中地位的路径

全球产业链重塑背景下继续稳固我国产业链“节点”和“枢纽”功能，不断提升国际分工地位是一个庞大的系统工程，涉及政策制定、产业发展、国家治理以及大国博弈、区域合作等诸多方面。未来提升我国产业链中地位可遵循以下四条路径来实现。

（一）以自主创新为核心推动我国深度融入全球价值链

在传统要素优势不断丧失的背景下，我国亟须寻找新的融入全球价值链分工体系的动力，而推动技术进步不仅可以促进我国更加深入地参与全球价值链分工体系，而且对于摆脱我国被锁定在全球价值链低端的困境、促进我国在全球价值链中位置的提升等均具有重要意义。实现技术创新主要存在自主创新和国外技术溢出两个途径，其中技术溢出建立在现有技术水平的基础上，成本低、见效快。改革开放以来，我国的技术进步乃至经济发展从国外技术溢出中也获益良多。然而，美国对华遏制战略也凸显“以市场换技术”的模式难以持续。

（二）服务业与制造业融合实现产业链柔性调整

制造业和现代服务业融合的新一轮科技革命和产业变革趋势，是“十四五”期间构建现代产业体系的重要内容，继续有序引导生产性服务业发展，为促进服务业和制造业深度融合提供支持与保障。把数字化转型作为制造业和服务业融合发展的主要抓手，通过工业互联网加快“上云”“上链”，利用数字技术对传统产业链供应链进行智能化改造，持续引导外资投向生产性服务业，在这个过程中，本土企业也逐步由生产制造向软件支撑、咨询服务等业务领域拓展，以此实现“微笑曲线”双向延伸。

（三）“以点带面”打造抗风险能力强的全域生产网络

将制造业作为平台建设的重点方向，充分发挥“有效市场+有为政府”的制度优势，在借鉴发达国家开发区建设先进理念的基础上，制定便于生产要素进出和高效利用的专项管理制度，赋能平台产业引领作用。最大限度发挥国家级经济开发区产业创新优势，打造制造业高质量发展平台、培育壮大优势产业集群、推动数字经济和实体经济融合，为中西部省份承接产业梯度转移提供必要平台支持，增强边（跨）境经济合作区在全球价值链上的产业和国内其他产业的联动关系，引领更多产业融入国际化生产网络。

（四）全力打造基于共商共建共享和高质量发展的共建“一带一路”产业链和区域贸易体系

我国目前处于由传统比较优势向新竞争优势过渡的时期，传统的资源优势、生产要素成本优势虽逐渐减弱，但短期内不会消失。这就要求我国在寻求全球经济治理过程中，通过区域性自贸协定（RTA）以及区域合作规划如RCEP、“一带一路”倡议等积极融入全球价值链，努力实现价值链攀升。共建"一带一路"区域内处于不同工业化阶段的国家间具有产业转移的天然动力和优势。根据劳动力成本和各国的自然资源禀赋相对比较优势，优化资源配置，有助于推动我国价值链合理梯次转移，并实现价值链升级。

六、政策建议

一是通过技术和制度突破赢得产业链重构的主动权。充分发挥新型举国体制优势，针对人工智能芯片、5G芯片、新型发动机、新能源电池、精密仪器仪表等高技术产业链的关键环节，加大原始创新投入力度，大幅提升对核心技术、标准、生产工艺的掌控能力。在多数竞争性产业领域实施普惠化、功能性产业政策的基础上，对于关键环节实施特殊支持政策，积极推动原始创新成果产业化，形成自主可控的产业链。充分运用技术标准、消费补贴等措施，引导市场扩大对自主可控产业链的需求。在美国对我国科技遏制的情形下，支持国内企业加大对欧企业和技术并购力度，特别是加大对位于产业链中上游、处于"隐形冠军"地位的中小企业并购。

二是继续以更高水平对外开放为基础不断提升产业链韧性。全面落实《中华人民共和国外商投资法》及其实施条例，在土地利用、财税政策、金融信贷、公共住房等领域针对具体行业的现阶段发展情况加快出台更为细化的、有针对性的促进外资政策举措，发布相关的配套文件，加快中东西部协同发展、推进传统制造业与战略性新兴产业平衡发展，确保外资企业投诉机制生效，在政府采购、标准制定等领域实现内外资企业一视同仁，打造新时代全球分工网络新枢纽，同时建议研究制定应对以美国为首的西方国家出台相关政策对我国进一步扩大外资流入的不利影响，确保相关政策措施取得预期成果。

三是充分发挥国内市场潜力稳固对外经贸合作基本盘。对于对我国市场存在高度依赖的国家，应以市场导向为基础，在稳固我国出口优势的同时，深化开展双边经贸合作的层次。通过进一步开放市场、降低贸易壁垒以扩大进口来促进我国内需，包括提供优惠关税、扩大市场准入、举办进口博览会、支持电商平台等，帮助扩大对方国家的出口。同时，针对对方国家经济发展面临的短板问题，通过增加对外投资来实现产能合作和转移，促进双边贸易的平衡和多样化，在一定程度上降低其对华贸易逆差，维护多元稳定的国际经济格局和经贸关系。

四是把握RCEP签署机遇，进一步深化产业链、价值链交融。充分利用好RCEP削减中日、中印尼、中马、中韩等经济体之间关税壁垒的机遇期，引导国内龙头企业基于市场机制将不同的产业分工环节在各个经济体之间布局，有效提升相关企业国际化水平。有效把握RCEP提升各经济体服务业开放水平的机遇，将我国制造环节优势与日、韩等发达经济体服务环节优势相整合，努力提升我国在东亚生产网络中的地位。联合日本、韩国等发达经济体共同制定一批能力建设项目，尽快将专业服务贸易、经济技术合作、知识产权保护等各类概念性议题落实到细则层面，充分发挥我国在数字贸易领域的优势，重点面向东盟经济体开展数字经济合作，提升我国在东亚、东南亚数字贸易网络中的地位。

五是继续发挥共建“一带一路”对提升我国产业链地位的作用。加强和共建“一带一路”国家在双边合作规划等顶层设计领域的合作，逐步明确合作建立产业链的时间表和路线图。探索促进共建“一带一路”产业链供应链新型合作模式，利用当前已建成的中国境外产业园区，通过园区、进园企业的本土化延伸发展，加强与共建国家产业链供应链的畅通衔接，实现共赢发展。推进区域产能合作的标准体系、金融体系、监管体系等“软性规则”合作，探索与部分外向型经济发展较为成熟的共建国家在国有企业、劳工、数字贸易、环境保护、知识产权保护等边境后议题率先签订新型经贸合作协议，积极推动以服务业和先进制造业为重点的投资壁垒削减进程，为构建互利共赢的新型产业链奠定基础。

第五章
全球产业链重塑背景下我国外贸格局的优化

内容摘要：当前，全球化背景下以市场为基础的、高效的全球产业链受到破坏，跨国公司倾向于按照最高安全标准进行产业布局，全球产业链呈现本土化和区域化趋势。数字技术应用促使全球产业链演进的动力由成本驱动转向知识和创新驱动，知识垄断成为新特点。全球产业链将更趋低碳化、绿色化，影响到未来全球产业发展和布局的方向。美国主导的供应链“同盟化”“去中国化”对全球产业链重构产生明显影响。在此背景下，全球产业链重塑对外贸格局发展产生深刻影响，一是国际中间品贸易蓬勃发展并保持较高速增长。若干以区域中心国家掌控产业链核心环节、周边国家配套生产为特征的区域循环体系或将取代以往的全球大循环体系。二是美西方的产业链“同盟化”将在一定程度上加剧我国产业链脆弱性，影响未来相关中间品贸易。三是全球产业链日益绿色化发展，各国重视绿色低碳发展，绿色低碳产品贸易占比上升，高碳含量贸易下降。对我国而言，美西方强化高技术“脱钩”，我国提升中高端贸易领域竞争力面临更大挑战；美西方产业链供应链“联盟化”，我国部分领域对外贸易面临较大压力；疫情、全球地缘政治动荡等因素加剧产业和经贸合作的风险。综上，未来我国应积极吸纳整合全球智力资源，通过技术创新、核心技术突破以及品牌打造等促进我国垂直专业化分工地位提升，实现价值链向高端攀升及重构技术创新；以亚太区域为重点推进价值链重塑，培育、发展、巩固以我国为中心的供应链网络，通过经贸融合推动构建亚洲区域治理框架；创造良好的创新和经营环境，引导国际优质要素资源向我国集聚；大力发展高质量高技术高附加值绿色产品贸易。

一、全球产业链重塑对我国外贸格局深刻影响

（一）全球产业链进入重构变革期展现新特点

1.全球化背景下以市场为基础的、高效的全球产业链受到破坏，跨国公司按照最高安全标准进行产业布局，全球产业链呈现本土化和区域化趋势

当前全球产业链发展的内外部环境发生重大变化。一方面，从全球产业链内部发展看，数字技术革命下生产组织方式的变革、应对气候变化共识等共同推动全球生产和贸易加快数字化、绿色化转型；另一方面，从全球经济外部环境看，传统多边体制与全球治理模式的局限性、新兴经济体崛起引发国际力量对比深刻调整，以及新冠疫情、俄乌冲突等重大突发性风险事件正在改变全球产业链供应链体系所处的环境，诸多复杂因素相互交织叠加，不断强化政府和企业对产业链韧性的偏好，维护产业链供应链安全的战略意义凸显。

一是产业链逐步向母国靠拢，推动产业链朝更短、更本地化的趋势调整。为避免产业全球化过程中链条过长、分工过度所带来的断链风险，再加上国家主权意识的崛起，主要国家和企业有强烈的意愿尽量降低对单一经济体的依赖。安永咨询公司针对145家德企做的一项调查显示，有三分之一的企业准备因此次疫情而调整他们的供应链，不再按照最低价格标准，而是最高安全

标准进行产业布局。

二是在全球引力与斥力的相互对冲之下，以区域互助、各类产业“抱团取暖”为特征的产业“区域集群”将加快形成，区域化特征日趋明显。受中美竞争全面升级叠加新冠疫情的冲击影响，基于全球价值链的国际分工范式和一体化生产网络暴露出其固有的脆弱性，全球产业链供应链的部分环节受阻或中断。相比中低技术强度产业，高技术强度产业的产业链表现出较为明显的回流发达国家和持续增强的区域化趋势。大数据、人工智能、机器人等新兴技术、先进专用设备和智能制造解决方案助推主要工业国形成强有力的国内或临近区域循环。

2.数字技术应用促使全球产业链演进的动力转向知识和创新驱动，推进跨行业和跨业态深度融合，知识垄断成为新特点

发达国家对研发设计、关键原料投入以及核心部件生产的控制力度加大，全球产业链的知识密集度不断提高。美国重塑供应链体系涵盖了大量的产业升级、技术创新因素，对产业链样貌进行重塑，在某种意义上也可以认为是针对美国科技领域的一次巨大投资，目的就是确保美国在未来的大国竞争中，继续保持领先态势。全球生产和贸易趋向也相对集中，中间品和工业制成品的市场集中度呈现上升趋势，这意味着国际生产体系中将出现更多较短的价值链和更为集中的地域分布，主要贸易大国全球产业链参与度将发生较为明显的下降。

3.全球产业链将更趋绿色化，影响未来全球产业发展和布局的方向，引领产业链可持续发展走向新阶段

新冠疫情发生后，各国普遍将复苏政策与绿色化结合，培育新的发展动力，并抢占高新技术领域竞争高地。《2021年美国创新和竞争法案》提出加大芯片制造等高新技术领域的投入，将清洁能源作为主要投资领域。欧盟将绿色化作为复苏政策的核心内容。积极探索应对气候变化的措施行动，如通过碳边境调节机制等降低“碳泄露”风险。未来，随着技术的更新、升级、应用以及主要经济体的政策设计，全球产业链供应链将趋向绿色化。据统计，已经公布、立法或完成“碳中和”目标的国家和地区的GDP占比为90%，碳排放占比为88%，人口占比为85%，在应对气候变化的长期目标方面，世界主要工业大国达成了共识，“绿色化”已经成为未来全球价值链的重要演进方向。

从国际竞争情况看，各国比较优势和产业竞争格局将发生改变。一是发达经济体在绿色低碳领域的技术优势将转变为产业竞争优势。二是许多发展中国家将面临产业低端化和碳排放高的双重困境，在国际竞争中处于劣势。三是供应链绿色化将进一步强化产业链调整趋势。跨国企业如果继续在发展中国家采购和投资，将面临较大的碳减排压力。四是为维护地区产业链供应链的安全稳定，各国将强化绿色领域的国际合作。各国可在能源环保技术、优质绿色产品及环保型设备、可再生能源利用、发展氢能等领域加强交流与合作。

4.供应链“同盟化”、新冠疫情以及地缘政治等对全球产业链重构产生显著影响

发达国家对产业链供应链韧性偏好的背后有着更为复杂的原因，并在很大程度上指向了供应链“去中国化”的战略意图。美欧不仅对关键供应链的定义和选择具有高度的一致性、重叠性，而且将应对供应链安全风险、提升韧性的着力点不约而同地落在“对抗或遏制已经形成的供应链节点国家的控制力”，依据是在半导体、关键矿产、锂电池、医疗物资等关键供应链上，中国已具备广泛的影响力，在全球三大区域生产体系中，中国对于增速更快、潜力更大的亚洲区域供应体系的领导力还在逐步提高。目前看，中美贸易冲突和新冠疫情提高了贸易成本、地缘政治风险和全球供应链的脆弱性，但并没有完全冲击生产成本、终端市场、产能水平等离岸生产的关键区位因素，因此近期不会对全球产业链造成颠覆性影响，但通过影响上述关键区位因素产生间接效应。

受美欧供应链安全战略推动，资本密集型和技术密集型全球产业链将加快回流。中美地缘政治风险和供应链韧性目标推动全球产业链加速向全球或区域性低成本中心转移。在中美贸易冲突和新冠疫情的双重冲击下，为了降低成本、规避风险、提高韧性，全球产业链加速从中国撤离，回流欧美国家，或向更低成本地区分流，或向终端市场分流。至于全球产业链究竟以何种速率、沿着哪个趋势变动，将因产业链的行业属性而异，也受生产成本、市场结构、发达国家产业链安全战略动态的影响，并受技术进步程度约束。劳动密集型全球产业链对生产成本最为敏感，供应链的全球性特征决定了其对贸易成本也非常敏感。资本密集型全球价值链对市场规模和结构最为敏感，供应链的区域性特征决定了其对贸易成本敏感度较低。技术密集型全球价值链对产能水平和熟练劳动力规模最为敏感，因组装环节的劳动密集属性，其对生产成本也较为敏感。综合来看，半导体等先进制造的关键环节以及发达国家国产率低的高附加值环节会快速回流。

（二）全球产业链重塑对外贸格局发展产生深刻影响

未来全球产业链体系更多呈现区域化、分散化特征，将裂变为若干相互依存、紧密联系而又自成循环的区域产业链体系。全球产业链重塑后，若干以区域中心国家掌控产业链核心环节、周边国家配套生产为特征的区域循环体系或将取代以往的全球大循环体系。其中，亚洲区域循环主要以中国为核心，包括东盟、日本、韩国等周边国家和地区；北美洲区域循环主要以美国为核心，包括墨西哥、加拿大等周边国家；欧洲区域循环主要以德国为核心，包括英国、欧盟其他国家等国家和地区。亚洲、北美、欧洲三大区域循环相对独立而又紧密关联，逐步呈现“三足鼎立、互联互通”的格局，各自的内部循环或将更为紧密。全球产业链重塑对我国外贸格局发展将产生深刻影响。

1. 中间品贸易重要性显著提升，中高附加值、知识密集型的中间品出口比重将逐步提升

随着国际垂直专业化分工的不断深入，国际中间品贸易蓬勃发展并保持较高速增长。从全球贸易格局看，发达国家之间的中间品贸易量比发展中国家之间的中间品贸易量要大，区域内的中间品贸易量比区域间的中间品贸易量要大。亚洲相对于欧洲和北美洲处于中间品净出口地位。欧洲和北美洲之间，欧洲从北美洲进口大量的中间服务产品，出口中间货物产品。目前看，亚太区域产业链稳定恢复，中间品贸易比重超过了六成。从贸易结构看，金属、导体、医疗和制药产品等“工业用品”是中间品出口增长的主要品类。根据WTO数据，从中间品的主要贸易国家看，在2021年第四季度排名前15位的全球中间品（IG）出口国中，比利时（39%）和英国（34%）的增长率最高。得益于投资和贸易政策激励，以及其战略性的地理位置，马来西亚已成为东南亚生产网络的主要枢纽。马来西亚跻身前15名，同比增长28%，其中四分之三的国内生产投入品运往亚洲区域（见表5-1）。连续三个季度，印度IG进口增长最快（65%）。第三季度在铁矿石和铜矿（73%）及大豆（41%）出口增长的推动下，中南美洲的IG出口增长了45%。南美洲和中美洲的区域内IG贸易在所有区域中增长最快（56%）。按价值计算，第四季度最大的两个IG进口国是中国（4 390亿美元）和美国（2 680亿美元）。在排名前15位的IG进口国中，印度的增长率最高达42%（见表5-2）。

中国中间品贸易蓬勃发展，成为最大的中间品出口国。2021年中国的IG出口增长了36%，继续占据世界IG出口的最大份额。最大的两个中间品进口国为中国和美国。根据WTO《中间品贸易报告》，2021年中国制造业中间品贸易在全球占比达到20%左右。2021年第四季度中国互联网出口商一半以上的工业投入品（如存储器、集成电路和消费产品的零部件）出口到了亚洲供应链国家，特别是高科技产业。2021年中国四分之三的国内生产商品出口至亚洲合作伙伴。从具体部门来看，电子及通信设备制造业，交通运输设备制造业，仪器仪表及文化、办公用机械制造业，机械工业、电气机械及器材制造业等中间品贸易快速增长。中间品贸易中技术密集型的电气和电子工业贡献最大，处理器、存储器和集成电路占整个国际互联网出口的30%以上。

表5-1　2021年第四季度全球前15位中间品出口国（地区）

排名	出口国（地区）	出口额（10亿美元）	同比增长率（%）
1	中国	418	33
2	美国	213	17
3	德国	177	8
4	中国香港	130	24
5	韩国	110	23
6	日本	102	10
7	中国台北	92	26
8	荷兰	83	22
9	比利时	74	39
10	新加坡	71	21
11	法国	65	20
12	意大利	65	9
13	英国	63	34
14	加拿大	54	15
15	马来西亚	52	28

数据来源：WTO Trade Data Monitor.

表5-2 2021年第4季度全球前15位中间品进口国（地区）

排名	进口国（地区）	进口额（10亿美元）	同比增长率（%）
1	中国	439	19
2	美国	268	24
3	德国	154	15
4	中国香港	128	25
5	印度	89	42
6	日本	81	29
7	韩国	81	31
8	荷兰	78	26
9	墨西哥	75	23
10	法国	72	16
11	英国	71	-12
12	意大利	67	24
13	比利时	64	36
14	新加坡	63	23
15	中国台北	60	29

数据来源：WTO Trade Data Monitor.

2.全球产业链重塑以及美西方的产业链“同盟化”将在一定程度上加剧我国产业链脆弱性，影响未来相关中间品贸易

从贸易网络关系来看，供应来源越集中的中间品越关键，关键中间品越多的产业链越复杂也越脆弱。在战略性新兴产业中，依靠全球分工的复杂产业链的脆弱性最高。出口、进口越集中在少数国家的中间品，其供应链脆弱性越高。通过产品的出口中心度指数可以衡量其所处产业链的脆弱性，即产业链中哪些产品的出口集中在少数国家。从全球贸易网络看，我国在八成以上高中心度产品出口上具有绝对优势，但也仍然存在脆弱性，表现为中国外贸呈现“大进大出”特点，生产产品的同时需要进口中间品作为投入。据研究，HS84（核反应堆、锅炉、机械器具及零件）、HS85（电机、电气、音箱设备及零附件）、HS90（光学、照相、医疗等设备及零附件）是中国供应链脆弱性最高的三个领域，尤其HS85是供应链安全性值得高度关注的行业。

3.全球产业链日益绿色化发展，各国重视绿色低碳发展，绿色低碳产品贸易占比上升，高碳含量贸易下降

近年来全球绿色产品贸易额显著增加。从2007年0.91万亿美元增长到2022年1.9万亿美元，年均增长率为5.03%，占全球出口总额的比重则从8.0%增长到9.8%，显示较强的增长态势。发展中国家需要兼顾环境污染和气候变化等生态环境问题，发达国家则更加关注气候变化。不同国家在绿色发展议题上有较多共识和共同利益。全球绿色产品贸易存在中美日、德法意为核心的两个组团，组团内部贸易联系强，而组团之间贸易联系弱，中国产品在德法意组团之中的市场占比较低。

中国为世界绿色转型贡献了重要力量，绿色产品贸易仍有较大发展潜力。根据商务部国际贸易经济合作研究院2023年2月发布的《中国绿色贸易发展报告（2022）》，2021年中国绿色贸易额达到11 610.9亿美元，超过欧盟成为全球第一大绿色贸易国，在全球占比达到14.6%，比2020年提升1.5个百分点。东部沿海等发达地区发展规模靠前，广东、江苏、上海、浙江等已基本形成产业链完整、门类齐全、领域广泛的环境产业体系；川渝地区凭借良好的资源禀赋和产业基础，绿色贸易发展水平靠前；中西部其他省份发展基础相对薄弱，绿色贸易额占比较低，但近年来发展增速显著。

以东南亚和拉美为主的新兴经济体有望成为中国绿色产品出口增长的重要区域。根据商务部国际贸易经济合作研究院发布的《中国绿色贸易发展报告（2022）》，从中国绿色产品出口增长主要市场看，前20位的国家占到出口增长总量的74%以上。其中，美国、日本、荷兰、德国4国排名靠前。值得注意的是，越南、墨西哥、印度、马来西亚、泰国等均是重要的增长区域。从出口拓展的视角来看，与发达国家建立贸易联系相对容易，而发展中国家较高的市场信息获取成本和不稳定的政策环境有碍于海外企业投资和出口。

从绿色产品出口结构看，相比其他主要国家，中国出口的绿色产品更集中于中间品。这一方面说明中国在全球绿色产业链中的参与程度较高，中国产能能够影响世界其他地区绿色产品的生产；另一方面显示出中国仍处在全球产业链的攀升阶段，尚不掌握核心先进设备等资本品的制造能力，停留在部分非核心零部件制造阶段。在技术复杂度高的绿色产品领域，中国与发达国家仍有较大差距。整体来看，绿色发展仍是各国的主流趋势。传统化石能源贸易比重持续降低，新能源和低碳技术的贸易比重将不断增加。亚洲各国的产业链、供应链和贸易结构有比较强的互补性，在绿色低碳发展、技术创新、绿色金融等方面都有很多合作机会。

二、当前优化我国外贸格局面临的机遇和挑战

（一）机遇

1.科技革命推动全球产业链重塑创造出新市场，为我国外贸高质量发展提供新的需求空间

新一轮科技革命与产业变革催生未来产业集群，以数字技术为引领，数字产业化与产业数字化共同赋能全球产业链重构，将生产端和消费端集成的海量数据要素投入新农业、新矿业、新制造、新金融、新商业的发展之中，通过自组织、网络化、分布式、平台型再造，全球产业链将被赋予生产与服

务深度融合、上下游边界趋于模糊、批量化与定制化共存的新特征。科学技术和经济社会发展加速渗透融合，将深刻改变产业链创新链并影响分工格局，创造出新的市场需求和产业链供应链合作空间。根据联合国贸易和发展会议的估测，人工智能、物联网、大数据、区块链、5G、3D打印、机器人、无人机、基因编辑、纳米技术和太阳能光伏共11种前沿技术产业，2025年预计会增长至3.2万亿美元以上。

2.我国可参与产业链供应链重塑，主动提升产业链供应链的稳定性

凭借完善的产业体系、国内市场和制造业产能的双重规模优势、充满活力的经营主体，我国已成为全球产业链供应链的重要一环。深植于产业生态的体系优势逐步转化为产业链供应链的综合能力，彰显出强劲的韧性。这种优势和能力在新冠疫情中得到了充分的检验和提升。在向全球价值链（GVC）高附加值环节持续攀升的同时，我国全球价值链参与度出现了与主要出口大国相似的变动态势。当前，世界产业链断裂后的修复，核心在“生态”，谁能率先建立起完整的产业生态系统，谁就能抓住产业未来。这反而愈发凸显我国的产业优势，我国供应链的完整与高效率优势短时间难以逆转。应充分结合国内竞争优势与国际市场需求，提升我国的全球资源配置能力，主动提高产业链供应链的稳定性和控制力。在此过程中，也将巩固和提升我国与共建“一带一路”国家的贸易关系，推动我国与相关国家贸易规模的扩大和贸易结构的优化。

近年来，美欧从供应链安全入手，对我国进行的全面遏制进一步升级，在这样的背景下，“中国加一”策略成为亚洲区域内企业布局的选择。一部分供应链迁出我国，另一部分供应链则扩大了在我国的生产规模。这一方面是基于我国强大的生产制造能力，另一方面也是基于我国富有潜力的消费市场。对RCEP带来的“中国加一”趋势的加深，应当辩证看待，这背后是市场的力量，同时也蕴含着由区域高度融合带来的新机遇。

3.产业链重塑带来新的经贸规则诉求，我国积极参与全球经济治理迎来新契机

产业链供应链区域化、绿色化、数字化、安全化等重塑趋势，对于区域经贸合作、数字和绿色等新兴领域有更多的规则需求。如亚太区域RCEP如何进一步升级，亚太国家双边经贸协定网络如何构建；新兴领域中，数字贸易兼顾合作与安全的规划如何建立；国际贸易规则中如何融入绿色发展理念等。美西方发达国家主导建立当前的经贸规则并仍把握主导权，还“推陈出新”印太经济框架、B3W（Build Back Better World，重建美好世界）等与我国竞争。作为全球制造大国和重要市场，我国是全球产业链供应链重塑中不可绕开的深度参与者，在此过程中我国可结合推动制度型开放，对标国际高水平经贸规则。同时，在我国与美西方存在明显诉求差异的领域，探索提出更切实有利的“中国方案”，提升我国在全球经贸规则制定中的话语权和影响力，助推我国对外贸易高质量发展。

（二）挑战

1.美西方强化高技术“脱钩”，使我国提升中高端产品贸易面临更大挑战

近年我国科技实力快速崛起，与美欧间的差距逐步缩小，但部分领域的关键技术仍有明显“短板”。美西方为维护其竞争优势，不惜经济代价加强对高新技术环节的保护和竞争，并遏制我国相关领域发展。一方面，美西方国家针对我国使用外资安全审查制度、实体清单、实体和人员制裁等工具，重点限制我国通过投资、贸易等方式获取或控制关键技术、基础技术、战略性行业、敏感信息、关键基础设施等。另一方面，美国以新疆“人权”问题、南海问题为由将我国相关实体列入出口管制实体清单，欧盟新增限制“严重侵犯人权电子监控物项”的出口，美欧合作要进一步强化单边及多边机制下的出口管制。未来，“人权”和价值观作为美欧出口管制的借口将成为常态，用于限制军民两用路线尚不清晰或融合发展的某些新技术。

美国将我国视为“体系性竞争者”和“制度性竞争者”，要与我国展开长期的竞争。一方面，美国加大研发投入，提升本土关键供应链的完整性与竞争力；另一方面，美国利用各种手段打压我国新兴的高科技企业。美西方国家还大力支持本国的高新技术产业发展，扩大芯片、人工智能等未来产业、先进制造、清洁能源等领域的投资，欲通过赢得科技创新获得未来竞争力。在美西方国家对高新技术领域如此强度的保护和竞争下，我国开展正常的全球科技创新和贸易投资合作难度上升，也会因被抹黑或曲解而使得合作项目受阻，提升中高端贸易领域竞争力面临更多限制。

2.美西方产业链供应链“联盟化”，使我国部分领域对外贸易面临较大压力

从策略上看，美国试图以“东西双线并举”强化同盟及伙伴体系，布局构建“去中国化”的全球供应链。西线主要以美欧贸易与技术委员会（TTC）为牵引，美欧双方公布了在高科技供应链、人工智能和国际工业标准等10个领域更好地协调政策和工作的倡议。其中聚焦半导体、稀土、太阳能产业的合作，都有推动减少对中国产业链依赖的考虑。东线试图以“印太经济框架”为引领。这一“框架”的具体内容前后曾发生变化，但所谓“增强供应链韧性”一直居于核心位置，被美国视为加强在印太地区存在的重要抓手。美国还将经济安全、地缘政治、意识形态三者挂钩，作为增加同盟团结、强化对华竞争的重要手段。“供应链韧性”恰是能够体现这一混合手法的重要维度。美西方国家在推动符合其自身利益的产业链供应链重塑中合作紧密，以安全和价值观形成联盟，欲在其主导的产业链供应链中排除我国。美国通过G7等平台联合其他发达国家，以所谓“强迫劳动”为由加速产业链供应链“去中国化”，并提出要消除全球供应链中使用的任何形式的“强迫劳动”。美西方国家的以上种种措施将对我国相关领域的产品出口贸易造成不利影响。高科技领域领先企业面临被美国“精准脱钩”风险，部分产业面临产业转移和贸易转移双重风险。

3.新冠疫情、全球地缘政治动荡等因素加剧产业和经贸合作的风险，我国外部总体环境恶化

虽然新冠疫情不再构成国际关注的突发公共卫生事件，但对全球产业链供应链的影响还会持续，组织跨国生产的企业不得不面对跨国物流效率降低甚至阻断整条产业链供应链的影响。疫情给全球产业链供应链的稳定畅通高效运行带来更多不确定性，也将对我国与产业链供应链国际合作相关的贸易活动造成影响。同时，全球地缘政治动荡加剧，也加大经贸合作项目暂停、产业链供应链中断的可能性。如俄乌冲突中，美西方国家对俄罗斯的极限制裁，不仅影响俄罗斯与美西方国家的贸易，也对全球能源、粮食、半导体等产业链供应链造成衍生影响；美西方国家对俄罗斯的次级制裁，也波及其他国家与俄罗斯等国的贸易。全球地缘政治环境正处不稳定时期，地区内部以及地区之间的原有矛盾，加之因经济困境、大国挑唆等原因而爆发，造成社会不稳、经济衰退，甚至发生动乱乃至战争，影响相关地区及周边的经贸环境。我国产业链供应链合作面临日益复杂严峻的外部环境，与相关国家的经贸合作也面临着更多风险。

三、优化我国外贸格局的思路与重点任务

全球产业链出现本地化、区域化、短链化的趋势，但不能因此否定产业链全球化螺旋式上升的历史性演进规律，更不能因外部不确定性的增加而将国内产业链与全球供应链、国内循环与国际循环割裂开来。进入新发展阶段，要立足构建新发展格局，着力强链延链，优化贸易格局，塑造国际竞争新优势。

当前全球产业链重塑背景下，优化我国外贸发展格局的思路是：顺应全

球价值链重构趋势，因势利导，分类构建国家、区域和全球多圈层的产业链格局，以RECP落地和中日韩自贸区谈判、申请加入DEPA、CPTPP为契机，夯实亚太区域产业链的制度基础，打造协同高效的“亚洲制造”新体系。以技术创新驱动产业链升级，推动数字技术与全球产业链深度融合，提升我国垂直专业化分工价值链地位，以不断完善升级的产业链带动高附加值中间品出口，进而推动实现贸易结构优化升级。

（一）积极吸纳整合全球智力资源，通过技术创新、核心技术突破以及品牌打造等促进我国垂直专业化分工地位的提升，实现价值链向高端攀升及重构

当前，我国产业综合配套能力大幅提升，但主要从事价值链低端环节生产的现实没有根本改变。企业缺乏产业研发、管理升级，大量企业研发机构也仅是从事引进消化国外技术和技术改造业务。一要充分利用全球产业链重塑带来的机遇，根据产业技术水平差异和发展特点，积极利用全球智力资源增强自主创新能力，在垂直专业化分工生产中注重发挥外资技术外溢效应。鼓励企业加强与境外研发机构开展多种形式合作，积极引进人才，推动跨境产学研合作。发挥国内完善产业体系、巨大市场规模等优势，重点引进面向我国市场的产业链供应链相关环节。二要科学评估中国产业链供应链的安全形势和保障能力，精准识别断点堵点，坚持创新驱动，有效市场与有为政府相结合，不断突破产业链关键环节上“卡脖子”的核心技术和零部件，全面提升产业基础能力。强化企业创新主体地位，集中力量打好关键核心技术攻坚战。通过走出去探索应对我国在关键技术、材料、零部件、设备等环节“卡脖子”问题的新方式，加强国际科技交流合作，在开放条件下促进科技能力提升，降低关键环节断链对我国产业链供应链造成的安全风险。三要充分调动生产端消费端积累的海量数据优势，加快构建可延展、可共享、能兼容、

开放式的数据要素交易机制和数字资产体系，数字产业化与产业数据化齐头并进，推进数字技术与实体经济深度融合，持续赋能传统产业转型升级。

（二）以亚太区域为重点推进产业链重塑，培育、发展、巩固以我国为中心的供应链网络，通过经贸融合推动亚洲区域治理框架的构建

目前，美国在亚太区域价值链上仍占据主导地位，在亚太价值链重构过程中，我国的角色在需求和生产两端均需继续提升。但随着美国实施“印太战略”，亚洲供应链体系会出现多极演进、激烈竞争的新局面。未来一段时间内，亚太区域在先进制造领域具有巨大的潜力，是我国必须依靠的供应网络。一方面，要认识到劳动密集型供应链和少部分资本密集型供应链将进一步向东盟区域转移，要通过进一步降低贸易与投资壁垒促成亚太生产一体化，继续巩固以我国为重要中心的较为稳固的产业链体系。另一方面，积极在亚太区域发展区域贸易中心、金融中心和航运中心，提高对亚洲国家的贸易投融资航运和人员往来的便利化水平，形成亚洲区域一体化治理架构，以服务提升产业链的紧密性和稳固性，推动形成更高质量的亚洲区域产业链体系。

（三）利用自贸试验区等平台开展数据跨境流动试点，大力推进数字贸易发展

依托自由贸易试验区等开放平台，开展数据跨境流动试点，率先落实数据分级分类管理措施，探索兼具安全与效率的评估体系，建立数据安全保护及风险管控机制。例如，通过北京数字贸易试验区、国家服务业扩大开放综合示范区等平台，推动数字贸易制度创新，圈定“白名单”国家，探索双向数据安全有序跨境传输的实现路径。推动贸易主体数字化转型。支持生产型外贸企业开展产品研发等全价值链数字化转型。鼓励贸易型企业提升数字化

服务水平，提供智能、便捷、高效的服务。引导外贸企业提升信息化、智能化水平。支持贸易数字化服务商为外贸企业提供优质数字化转型服务，协同推进外贸企业数字化转型，提升企业综合竞争力。

（四）大力发展高质量高技术高附加值绿色产品贸易，深化绿色金融国际合作

一要以加大公共研发投入、推动创新成果产业化为代表的供给侧创新政策作为创新的主要源泉，作为“面”上的创新政策；以政府采购、提高技术标准为代表的需求侧创新政策则针对关键性的、具有战略意义的重点领域，在“点”上取得突破，为绿色贸易营造良好的制度环境。二要加快由选择性产业政策为主向功能性产业政策为主的转变，积极加大功能性产业政策实施力度。建议充分考虑国家未来发展战略选择，对集成电路、航空发动机等极少数领域继续保留一定的选择性产业政策，逐渐取消其他领域的选择性产业政策，并同时在战略性新兴产业、智能制造基础设施建设、数字经济与实体经济融合发展等领域实施普惠性降税、加大“软”基础设施投入等功能性产业政策，不断提高产品档次和出口附加值。三要加强绿色标准国际合作，做好绿色贸易规则与进出口政策的衔接。积极主动参与构建科学的、广泛认可的碳排放监测核算—报告—核查（MRV）体系，推动与发达经济体形成互认的MRV体系。充分发挥区块链等新技术在MRV体系中的作用，减少虚报、误报等情况，提高监控和认定效率。在保障国家安全的前提下探索MRV数据的跨境流动机制，在合理范围内增强数据的透明度和可得性。四要积极参与碳定价机制和绿色金融标准体系。稳健发展绿色金融市场，创造新型碳金融产品，在碳交易项目实施中试行碳信用、碳风险管理等金融服务等。可在碳交易的分配环节推行以拍卖为主的交易机制，在配额交易环节引入期货等衍生品，即构建以“拍卖+期货”为核心的碳市场交易机制。

（五）创造良好的创新和经营环境，引导国际优质要素资源向我国集聚，推动发展高质量对外贸易

构建良好的自主创新环境，健全科研成果孵化和转化奖励机制，提高科技创新活力和效益。优化国内综合环境，提升国内对全球高端人才等要素资源的吸引力，以新优势吸引国际产业链创新核心环节布局。设立专项的企业创新活动支持基金，积极发展供应链融资、孵化型基金、技术入股等新型金融支持企业创新的方式，多元化融资渠道，鼓励金融机构面向重点产业发展方向实施差异化信贷政策。对集成电路、航空发动机等少数领域的关键环节继续加大专向性产业政策的支持力度。加大中央政府对产业技术合作平台、知识产权交易平台、专业服务合作平台等的支持。

（六）建设高水平对外开放新体制，推动形成更加开放、包容、协调的全球贸易体系

一要以“包容共享”为目标重构国际经贸规则。以更加开放、自信、有为的姿态参与有关国际贸易规则重构机制的讨论，主动提出完善国际经贸规则的主张、倡议及方案。积极利用G20、B20、APEC等多边机制协调讨论场合，不回避敏感问题，更加有力地开展围绕规则制定的国际协调工作。通过议程设置、规则制定、理念沟通以及制度性理念传播等方式影响国际规则的设计，将自身的政策话语国际化、合法化，将会提升其在国际机制中的主动权或主导权。逐步提升对国际经贸规则制定的影响力。二要着力深化国内改革适应国际经贸规则重构与发展。以国际经贸规则重构作为推进国内改革的动力，健全同国际经贸投资规则相适应的体制机制。以推进市场公平竞争为核心理念，以对接国际竞争中立规则为目标，积极推进国有企业的制度型深化改革。在数字贸易规则的构建中积极承担重要角色，将数字贸易规则的构

建与我国制度型开放紧密结合。提升劳工标准条款谈判的灵活性，将中欧投资协定劳工条款作为未来自贸协定的“模板”，并积极在国际上推广自贸协定的新型劳工规则。三要加强参与国际规则制定的能力建设。高度重视参与国际规则制定的软实力建设，推动建立国际经贸谈判新机制。打造对外开放的战略型智库，做好人才培养和对策研究，为科学决策提供具有前瞻性的政策建议和智力支撑。推动企业、协会积极参与国际规则重构谈判与沟通。加强对后疫情国际经贸新议题的深入研究，积极参与议题和规则制定，加强对外话语体系建设，形成与我国综合国力和国际地位相匹配的制度性话语权。

第六章
美国构建排他性产业链对我国参与全球产业链的影响

内容提要：美国拜登政府上台以来，继续延续了特朗普执政时期的全面遏华战略，但在具体手段上有了很大调整，突出表现为通过在国内外抹黑中国价值观、拉拢西方盟友、推动形成国际经贸新规则等，构建围堵我国的包围圈。在经贸领域，通过强调价值观差异、限制关键产品出口、减少从我国进口、阻碍双向投资等手段，意图阻断我国与美西方的经贸往来，达到阻断我国国际供应链以及限制我国经济和贸易增长、产业升级、开放创新等目的，高科技领域成为美国价值观贸易重点打压的对象。为此，我国应分化美西方国家，坚持主动开放不脱钩，发挥我国超大规模市场等优势，重点争取欧洲国家维持和深化与我国的合作，对冲削弱美国价值观贸易对我国产业链的负面影响。

一、价值观贸易是拜登政府对华政策的重要组成部分

（一）中美大国竞争是美构建价值观贸易的大背景

2018年，以对华产品加征关税为肇端，特朗普政府对华发起贸易战。在其任期后半段，中美贸易战愈演愈烈，不但互相加征关税范围扩大，而且美

方开始利用“实体清单”等方式，着力打压我国高科技企业，中美两国贸易、科技、投资、金融、产业等领域的“脱钩”越来越大。2021年初拜登上台后，在首次外交政策讲话时就称中国是美国最严峻的竞争对手，不允许中国在其任内超过美国，虽然同时表示在符合美国利益的情况下也准备与中国合作，但遏制是拜登对华政策的主基调。拜登政府延续并深化了特朗普执政时期对华遏制打压战略，但具体手段有了很大调整，价值观贸易成为对华遏制战略的主要手段之一。

特朗普执政以来，改革开放之后相对稳定的中美关系急转直下，对华遏制逐渐成为美国政界、学者乃至民众的基本共识和政治正确的选择，美激烈争斗的两党在对华遏制战略上形成了高度共识，美国内对华遏制的统一战线已基本形成，中美两国国民的信任度好感度也大幅下降。2022年下半年，以佩洛西窜台、美严格对我国芯片出口限制等事件为标志，两国关系进一步恶化，合作基础受到严重削弱，两国关系降到建交以来的冰点并有进一步下滑的可能。

中美两国关系的变化，本质上是新兴大国与守成大国为争夺全球领导力的博弈，甚至涉及人类制度、文明之间竞争，是21世纪以来最重大的国际事件之一，将深刻影响全球格局和世界版图，对全球政治、外交、经济、军事、科技格局产生广泛深刻长期的影响。过去的40多年，我国经济、科技、军事实力迅速上升，全球影响力持续提高，正加快走近世界舞台的中央。更为重要的是，我国具有市场潜力巨大、人力资源丰沛、产业基础雄厚、创新能力提升、应用场景众多、社会形势稳定和国家统一坚强领导等诸多优势，经济总量将继续跃升。中国的迅速崛起，不可避免地对美国的全球领导地位和全球霸权造成巨大冲击。在这种背景下，美国的焦虑明显上升，加紧采取各种战略遏制中国发展，力图延缓美国国际地位的衰落，尽可能延长美国国际霸权地位。可以预见，在较长时间内，美国将继续实施对华遏制战略，不会因美国政府更迭而改变，甚至在相当长一段时间内会强化。

（二）美国加紧放大中美价值观对立

概括来说，价值观贸易就是借“民主、自由、人权”等抹黑中国，挑起我国与美国乃至西方国家的价值观对立，在美国内为加速与中国“脱钩”、在国际上为孤立中国寻找借口，以图割断我国与全球产业链供应链联系、延缓我国经济发展进程。

第一，在国内外造谣抹黑中国价值观。这是拜登政府对华价值观贸易的基础。拜登上台后，借地缘政治、国际冲突、全球经贸、我国内政等多个热点问题，创造议题、挑拨生事，操纵国际话语权，放大价值观差异，不断在国际上造谣抹黑中国，将我国内外政策妖魔化、意识形态化，渲染强化“中国威胁论”，在国际上将我国描绘为“威权政府”“反人权反民主”等负面形象，在美国甚至国际上营造对华遏制的“政治正确”氛围。具体来看，一是指责我国是现有国际秩序、实际上是美国主导国际秩序的“挑战者”“破坏者”，美国必须捍卫“以规则为基础的国际秩序”。美方不但指责我国维护国家主权安全的正当行为，如在南海、台海地区妨碍通行自由，在亚太地区扩充军备，试图以战争解决领土争端，发动网络攻击，开展间谍活动，威胁地区安全和经济稳定；而且指责我国在亚太地区建立新秩序，声称共建“一带一路”倡议、对外抗疫援助等是为了谋求“地区霸权”，我国提出的全球治理观是“修正”现有国际秩序；还老调重弹指责我国违反国际贸易规则，恶意扭曲市场，“盗窃”美国高新技术以获得竞争优势等甚至将全球变暖的责任加在我国身上；指责我国对美西方国家渗透、窃取技术和数据等，对其国家安全构成很大威胁。二是在国际关系上，指责我国搞“胁迫外交”。近年来，美国不但挑动加拿大、澳大利亚、立陶宛等国在台湾、新冠病毒溯源、国家安全等问题上挑战我国主权安全等利益，还将我国一些贸易等反制措施称为“胁迫外交”。2022年，美国又借俄乌冲突，不但指责我国支持俄方，而且与俄罗斯一道挑战国际秩序。三是对我国内政问题横加指责。美方延续传统套路，将反分裂反恐、国家领土争端、政治制度选择等，都歪曲为价值观问题，例如指责我国在新疆、西藏“镇压”少数民族，特别是在涉疆问题上，指责我国为反恐和提高维吾尔族就业能力设立的教育培训中心为“集中营”，对少数民族“强迫劳动”甚至“种族灭绝”；在香港，美方不但暗中支持暴力乱港抗中，而且在香港实施《中华人民共和国国家安全法》后又指责中央和香港政府破坏香港人权民主和法制，不遗余力地在国际上将我国描绘成一个侵犯人权和民主的国家。在台湾问题上，以佩洛西窜台为标志，美国议员、州长、前官员等加大了窜访台湾地区频率，并多次表示美国将不断深化与台湾地区集成电路等领域的经贸合作，既不断试探我国红线、借台海问题牵扯我国，也将台湾地区作为价值观贸易的重要对象。四是诋毁我国体制制度。近年来，美国不断将我国现有制度形容为“威权体制”，放大制度和意识形态差距，不但挑战美西方的“民主人权”价值观，而且反复宣称我国在军事、外交、国际关系上对美西方构成很大威胁，为价值观作为经贸合作基础的理论进行铺垫。

第二，在国际上积极推行价值观外交，“拉帮结派”推进价值观贸易。拜登改变了特朗普单边主义和与盟国交恶的做法，转而回归多边主义，改善盟友关系，构建价值观联盟，共同应对中国挑战，扩大国际上对华遏制的统一战线。拜登上台后，在国际上大力宣传“共同价值观”和“民主意识”，不但外访时四处强调民主价值观，而且召开民主国家峰会，试图将世界划分为民主和威权两大阵营，将价值观作为国家间发展经贸关系的重要条件。俄乌冲突后，拜登政府以此为借口进一步强化了价值观外交。显然，美国推广价值观外交，主要目的是通过价值观孤立我国，为唆使更多国家与我国“脱钩”找到充足的理由。在地缘政治和外交方面，美国加快与传统盟国构建针对我国的军事、安全等国际组织，在印太地区尤其是我国周边形成反华包围圈。除了美国与日本、印度、英国、澳大利亚等国构建美英澳三边安全伙伴关系（AUKUS）、美日澳印四方安全对话（QUAD）、五眼联盟等外，拜登政府还加紧推行“印太战略”，试图打造亚太版北约，强化对我国军事围堵制衡。在我国周边的东南亚、南亚地区，美方继续借南海问题、军事议题等破坏挑拨我国与这些国家关系。在经济方面，美国则加强与欧洲合作，取消了特朗普执政时期加征的钢铝关税，以争取欧洲在对华政策上与美国保持一致。美国价值观贸易对西方盟友影响很大，成为很多国家领导人竞选、党派争斗的重要议题，例如特拉斯在英国首相竞选中就提出应限制从中国“专制政权”输入字节跳动等技术和产品。欧洲与我国经贸关系最紧密的德国，其经济部也考虑制定措施，减少对德国企业在华投资和出口的担保等，以降低德国企业对华依赖，推动双方“脱钩”。

第三，美国在国内和国际营造支持价值观贸易的氛围。美国价值观贸易可以分为国内和国外两部分，拜登政府反复强调，要确保美国的技术、商品符合价值观，要在全球范围内捍卫美国的自由民主价值观，在美西方营造出遏华“政治正确”的氛围，为相关政策出台扫清障碍。从国内看，美国通过渲染我国与美西方价值观和体制差异，借台海、俄乌冲突等问题强化“中国威胁论”，泛化安全概念，在美国各界形成反华遏华的氛围，为提出和实施遏华法案、总统行政令和各种“脱钩”等措施奠定基础。从国际看，在西方国家中形成我国挑战价值观、破坏国际秩序、威胁西方国家的氛围，争取西方国家的广泛民意支持，并对政府对华战略和政策施压影响，将西方国家拉入美国遏华阵营，加强对我国围堵效应。

二、美国以价值观为背景不断深化对我国的围堵

（一）美国对我国价值观贸易的手段

拜登政府上台以来，对我国经贸围堵呈现出领域不断扩展、手段不断深

化、影响持续扩大的特征，特别是由原来以单项政策为主“单一拳”出击转为多项政策组成的“组合拳”进攻，供给端和需求端限制同时使用，加大在关键领域与我国“脱钩”，对我国经济发展、对外合作、产业升级、科技创新等造成越来越大的全面冲击。

第一，限制美国具有优势的产品对华出口。这是特朗普政府开始、拜登政府扩展，使用最频繁的对华经贸遏制工具。限制美国对华出口的目的主要是从供给端限制我国产业和科技发展，扰乱我国所依赖的国际分工体系，是一种对我国影响很大的政策工具，也是中美“脱钩”的主要表现。限制对华出口主要是采取出口实体清单方式，也就是列入清单的美国产品，必须要获得美国商务部等主管部门颁发的许可证才能对我国出口，但通常情况下，美国出口企业很难申请到许可证，从而实际上限制了大部分清单产品对我国出口；此外还有一些数量较少、限制程度较轻、但具有威胁性质的“未经核实清单”。美国贸易出口管制通常以国家安全和外交利益为借口，而实体清单针对的是具体企业、机构、个人等实体。美国对华出口限制，主要集中在美国全球领先、难以被全球替代、对我国产业链有关键影响的产品、技术等，尤其是美国高科技产品，这是美国科技实力和科技霸权的反映，可以从源头上封堵我国产业和科技发展。拜登执政以来，对华实体清单不断拉长，此外还包括大量的实体附属机构；领域不断拓展，从通信、芯片扩大到量子科技、超级计算机、无人机、智能识别、人工智能、航空航天甚至石油等；范围不断扩大，国有企业、国有研发机构、大学、民营企业、制造企业、研发企业等无所不包；限制对象以高科技领域为主，瞄准我国制造业实力强、科技含量高和发展速度快的产业；对美国国家安全和外交利益构成威胁作为限制依据不断被泛化，例如与军事用途有关、侵犯少数民族人权等越来越成为美国对华制定新清单的理由。此外，美方还考虑制定防止中国企业绕开实体清单的措施，如设立新的企业实体。更为重要的是，美国出口管制具有长臂管辖特征，不仅局限在美国本土的出口产品和技术，还包括其他国家境内的美国产品、美国海外公司生产的产品、含有美国料件超过一定比例的产品，同时限制实体也包括实体的附属机构和海外公司，这大大强化了美国出口限制的实际程度。2022年10月，拜登政府对华芯片出口限制全面升级，限制范围拓展到海外使用美国技术的产品、美国海外企业、美国公民等，力图使我国芯片产业与美国全方位“脱钩”。

专栏6-1

美国对我国芯片产业全面进行打压

芯片是现代产业的基础，芯片制造是全球最复杂、科技含量最高、也是全球产业高度分工的制造过程，美国凭借其超强的经济科技实力，掌握了不少芯片制造环节技术，位于产业链的顶端。我国是芯片特别是高端芯片的进口大国，进口芯片对我国下游产业具有广泛作用，是制造大国的基础。由于芯片的重要作用和美国对芯片制造的控制力，芯片成为美方对我国重点打压的产业。

近年来，美国对我国出口芯片限制越来越严格，不但限制出口芯片，而且限制出口芯片制造设备，甚至对芯片设备的维护也加以限制；不但美国直接限制，而且要求具有美国技术含量的第三国也进行限制。例如，美方不但要求荷兰禁止对我国出口最先进的极紫外线光刻机EUV，甚至要求禁止出口旧款深紫外线DUV，从源头上切断我国生产高端芯片的能力。2022年7月，美国对我国芯片制造设备升级出口限制，将限制措施由原来的10纳米以下扩大到14纳米以下设备，限制范围也从中芯国际本土企业扩展到台积电等在华代工厂。8月，美国要求英伟达等公司停止向我国出口人工智能的芯片。《2022年芯片和科技法案》通过后，美国将限制措施进一步扩大到对我国现有进口设备的维护服务方面，对我国维护升级现有设备、扩大芯片产能都会造成严重影响。芯片法案还限制了对华投资，也就是美国芯片企业获得美国政府补贴后，就不得扩大对中国的投资。

更具标志性的事件是2022年10月7日，美国商务部产业安全局以防止中国利用美国技术提升军事实力、加强监控从而威胁美国安全为由，以出口许可证方式加强了对华出口高端芯片、装有高端芯片的计算机、高端芯片制造设备的限制，除了上述美国对华直接出口产品要获得美国政府许可之外，还要求其他国家使用美国技术向中国出口的芯片也要获得美国许可。同时，美方还将限制措施扩展到人员，禁止美国居民为中国芯片产业服务，不但严重影响我国招聘美国研发、管理等关键人员，而且一些在华跨国公司的美方人员也被迫辞职，将贸易战、科技战扩大到人才战。这种“长臂管辖”，将大大限制全球高端芯片对华出口，不但使我国芯片产业和智能汽车、人工智能、数据中心、云计算等下游产业受到严重影响，而且将严重打击全球芯片产业链，是美国对华遏制战略严重升级的重要标志。未来美国还有将“长臂管辖”延伸到包括大飞机、金融在内的其他领域的计划。

第二，限制我国主要产品向美国出口。这也是特朗普政府开始使用，拜登政府沿用的对华遏制工具。这些政策利用美国是全球最大市场优势，通过限制我国需求端，减少我国相关行业和地区出口，由于中美经济互补性较强，与限制进口政策相比，该类政策对我国不利影响相对较小。美方限制进口，既考虑限制我国产业尤其是高科技发展，也考虑降低对我国产品的依赖，维护美国国家安全，同时也希望通过打压我国优势产业出口，降低我国外需和经济增速。美国对我国限制进口政策主要分为两类，第一类是通过传统的301调查、以不公平贸易为理由开展、以加征关税为主要特征的进口限制，过去“双反”等中美贸易摩擦多属于这种类型，特朗普政府对我国加征关税也是依据301调查，这种限制一般不涉及价值观。第二类是以安全、人权等价值观为理由、以直接限制为特征的出口限制。这是拜登主要使用的手段，例如限制美国对我国采购，典型的是以中国设备会对美国民众进行监视、采集信息等为由，禁止美国电信运营商采购华为、中兴的通信设备。再如，以侵犯人权等为由，限制我国特定地区和特定产品出口，典型的是对新疆产品出口的限制。整体看，美国对我国进口限制呈扩大势头，如由特定企业向特定产业扩展，由国有企业扩大到其他企业，由较窄区域扩大到较宽区域。

专栏6-2

美国对我国新疆产品出口的限制

2020年特朗普下台前，就以“强迫劳动”为名开始对新疆生产建设兵团等特定主体进行出口限制，包括棉花、棉织品和番茄等，同时还对部分进口新疆棉的跨国公司进行惩罚，禁止后者从中国进口。

拜登上台以来，美国继续以“强迫劳动”为名，限制新疆棉花对美国出口，在国际舆论的操弄下，一些国际跨国公司、包括在华有主要业务的跨国公司也宣布对新疆棉花进行“抵制”，停止对新疆棉花的采购。2021年12月，拜登签署了《维吾尔强迫劳动预防法案》(UFLPA)，并于2022年6月开始实施，将限制进口范围不但扩大到新疆所有产品，还包括有新疆成品含量的中国进口产品。该法案核心是一项“可反驳的推定”制度，也就是一律推定新疆制造的产品均使用了“强迫劳动”，除非得到美国当局的无“强迫劳动”认证，否则一律禁止进口，美国海关对这些进口品可以扣留甚至销毁。该法案对无“强迫劳动”的认定门槛很高，需要进口商提供明确证据来证明进口产品供应链都不含“强迫劳动”，并对认证的欺诈行为给予高额处罚。这项限制措施不但增加我国对美国出口产品的认定成本，还由于美方执法的不确定性，大大增加了新疆产品对美国出口难度，实际上禁止了相关产品的出口。

第三，美国主动减少从中国进口。拜登上台后，就发布产业链供应链安全战略，着手评估美国产业链安全。2021年6月，美国公布了半导体、药品、关键矿物质、大容量电池四类关键产品的供应链安全评估报告，这些都是美国对我国进口依赖度较高的产品，也是我国在全球具有较大产能、短期难以替代的产品、零部件和技术，如稀土、太阳能电池板等。美国在新能源电池、光伏组件、新能源汽车等领域预计将通过一系列贸易制裁手段限制从我国的进口，主要目的是在中美大国博弈激烈和新冠疫情对全球产业链冲击的背景下，减少对我国进口依赖，保护美国产业和经济安全，增强美国供应链的弹性和韧性，当然也能降低我国对美国的反制能力。美国采取的主要措施是，加强从第三方进口和美国本土生产能力，实现供给的多元化。在扩大第三方进口方面，美国一方面在中低端制造环节，通过加征进口关税和限制进口扰乱我国供应链，推动在华企业向第三国主要是发展中国家转移产能和生产环节。另一方面在中高端环节，则借助价值观外交等手段，以防止地缘政治对手威胁等为理由，扩大与盟友的经贸往来，提高美国和盟友的供应链弹性，减少对我国的进口依赖。对关乎美国供应链安全和全球竞争力的产品，美国以价值观不同为理由，与盟友构建将我国排除在外的各种产业链联盟和自贸协定，密切与盟友和自贸伙伴联系，降低从我国进口比重。其中，芯片作为全球高度分工、我国为重要参与方的产品，是美方政策的重点，2022年拜登政府积极构建排除我国在外的“芯片四方”联盟，扩大从联盟国家的进口。在提高美国生产能力方面，美国主要采取了鼓励制造业回流政策。一方面，拜登政府偏离了自由主义经济传统，对产业和创新的支持明显加强，美国陆续通过了《2021年美国创新与竞争法案》《基础设施投资和就业法案》等多个法案，大幅增加了财政对研发和创新的投入，对关乎供应链安全的重点产业发展采取了补贴等支持政策，不但吸引制造业回流，而且更力图强化美国在全球的产业和创新优势，提高对产业链创新链的全球资源配置能力。另一方面，拜登政府也通过一些措施，如规定美国产品必须具有一定当地生产含量才能享受政策支持，引导制造业回流。

专栏6-3

美国吸引新能源汽车回流美国的措施

2022年10月，美国通过《2022削减通胀法案》，其中要求到2024年，美国动力电池生产需要的关键材料要有50%从美国或北美地区采购，2026年这一比例上升到86%。为此，美国新能源汽车享受的税收优惠只给予在北美的汽车制造商，且新能源汽车电池的上游原材料也来自美国或美国的自贸伙伴才能获得税收优惠。这项政策虽不针对我国，但我国作为新能源汽车生产和出口的大国，所受影响最大。

第四，加强对中美双向直接投资的限制。长期以来，美国就利用其不透明的投资安全审查机制对我国向美国直接投资进行审查，拜登政府加严了对中美间双向投资的审查。一方面，美方为我国在美国投资设置障碍，例如美方以国家安全为由，取消中国移动、中国电信在美国业务牌照，将越来越多的中国企业列入对美国投资黑名单。另一方面，美方继续以保持美国竞争优势、保持供应链稳定以及国家安全为由，限制美国企业对华投资。例如2021年6月，拜登签署行政命令，借口“应对中国军工企业威胁”，将59家中国企业列入投资“黑名单”，禁止美国资本投资这些企业；10月将大疆科技有限公司、华大基因股份有限公司在原来出口实体清单基础上，又列为投资黑名单，声称要防止我国利用贸易企业为军队提供先进技术。美方还积极推进限制对我国投资的制度和法案。2021年，美国议员酝酿《国家关键能力防御法案》，拟规定美国企业在集成电路、人工智能、量子科技等关键领域对外投资时提高透明度，并成立一个跨部门的专门机构审查这类投资。2022年，美国国会酝酿新法案，建立“竞争对手国家”的对外投资审查机制，投资方式涵盖了涉及技术和知识产权的合资、风险投资和私募股权交易等；要求美国企业对华投资前披露信息，而美国政府有权阻止对华投资。这些法案对我国投资限制意图明显，将加快中美投资“脱钩”和高科技“脱钩”。

第五，在国际上拉拢盟友扩大对我国的围堵。美国在国际上以对抗“威权体制”为借口，联合西方盟友拼凑“民主联盟”，构建对我国围堵的“贸易联盟”“科技联盟”，扩大与我国“脱钩”，拆散全球产业链供应链，乃至要形成两套经贸规则、两种分工体系。一方面推动其他国家效法美国，对我国进行经贸限制和“脱钩”。例如，美国多次呼吁盟友，对列入实体清单的我国企业也采取出口限制措施，试图将限制范围扩大到第三国。另一方面构建排华的自贸协定或经济联盟等，将我国排除在美国主导的分工体系外。例如，拜登政府积极推动“芯片四方”计划，力图联合全球最重要的芯片制造国（地区）与我国“脱钩”，形成排华性的制造业闭环，全面遏制我国芯片产业发展。再如，美积极构建排华的印太经济框架（IPEF），试图在区内与RCEP相竞争。美国还借自贸协定制定排华性的规则条款，甚至强迫一些国家在中美合作中“选边站”，如美墨加协定中的“毒丸”条款，要求成员方只能在美墨加协定和与我国的自贸协定中选择一个。此外，美国还联合盟友提出与我国抗衡的经济计划，如“蓝点网络”计划，与我国共建“一带一路”倡议竞争。除西方盟友外，美国还试图将对华经贸围堵圈延伸到发展中国家，近年来美国拉拢我国周边亚太地区、特别是东盟国家和印度等，甚至延伸到非洲、拉美等地区，希望这些国家也加入美国遏华经贸阵营。从效果看，欧洲、日本等西方国家对华经贸政策跟随美国步伐转向，如以安全等价值观为由，限制对我国高科技产品出口、加严对我国投资对方国家基础设施的审查、减少对我国进口依赖等，但多数国家尤其是大国会保持政策的独立性，加之仍看重我国市场和发展潜力优势，并不会完全按照美国意图行事，也不会完全站到美国一方，像IPEF、“芯片四方”等进程比较缓慢。美国拉拢东南亚等国家同样效果不彰，一些国家因中美大国博弈而加速承接包括我国在内的产业转移，大部分发展中国家与我国联系紧密，在政治经济体制上与美西方差别很大，因此大多数国家不会追随价值观贸易，更不会“选边站”。

第六，加快推动国际经贸新规则。拜登政府多次指责我国是现有国际规则的“破坏者”，如非市场经济体制、产业政策和补贴、盗取知识产权等，称我国通过不公平竞争获得优势地位。因此，美国要领导制定新的国际经贸规则，实际上是美国主导的国际规则。一是在多边框架下推进传统领域的高标准，如零关税、零补贴、零壁垒“三零”标准；二是在多边框架下将边境后规则纳入国际规则，如劳工标准、环保标准、竞争政策、国有企业、补贴政策等，以所谓的公平竞争迫使各国抹平制度特征和优势，以美西方制度标准与其“公平竞争”；三是通过自贸协定等在数字贸易等新兴领域建立新规则，如美国凭借实力要求扩大包括数据自由流动在内的各类开放；四是借助自贸协定构建区域化小圈子，如美国推动的自贸协定利用原产地规则等条件，提高区外企业进入的壁垒。显见，美国推动国际经贸新规则，主要是维护美西方国家利益，美国凭借实力推出标准和规则，超越很多国家尤其是发展中国家的承受能力，提升全球规则壁垒，加速逆全球化进程，并导致形成不同规则、体系和分工。更重要的是，美国主张的新规则具有很强的排华特征，其中一些标准规则如劳工标准、国有企业性质等涉及我国根本的经济体制，因此在很大程度上是“去中国化”的规则，目的是将我国排除在美国主导的经济规则、经济体系、经济分工之外。

第七，支持美国国内科技创新和战略产业发展。美国是高度发达的市场经济国家，财政支持、税收优惠等产业政策一般很少使用。拜登政府为在与我国竞争中获得优势，在新兴产业中实施了非市场导向的产业扶持和创新政策，这预示着国家干预主义在美国的兴起。拜登政府在美国内渲染中国威胁和价值观差异，以此获得国会通过有关法案和财政资金，并为美国支持产业科技提供充分理由。集成电路产业是拜登政府产业政策的重点。2022年8月，经过一年多的辩论，拜登签署了《2022年芯片和科技法案》，允许美国政府拨款520亿美元用于美国国内的芯片生产，并为在美国投资的芯片产业提供约240亿美元的税收减免，此外还允许在未来5年内拨款1 700亿美元用于芯片的研发。同时，该法案还包括限制与我国贸易和投资的内容。该法案短期目的是吸引芯片产业回流美国、提高就业水平、拉动经济增长，也有助于解决美国芯片短缺和降低通胀水平；但中长期看，美国目的是提高芯片这一关键产业的竞争力，加之美国正积极推动构建“芯片四方”联盟，以及对我国芯片产业及出口的严格限制，打造美国主导、由盟友参加、排华性的集成电路闭环供应链，以图在与我国竞争中占据优势，战略性打压我国关键企业发展。2022年9月，拜登签署一项行政命令，加强对美国内生物制造产业的支持，以摆脱该产业对我国的依赖。

（二）拜登政府对我国运用价值观贸易的主要特征

第一，美国在历史上具有娴熟运用价值观贸易的经验。价值观贸易不是拜登政府的发明。在冷战时期，价值观贸易是美国联合盟友对抗苏联集团的重要手段，并形成了分裂的两大集团、两大经济体系和不同经贸规则，同时美国也是全球最善于挑起地区矛盾和冲突的国家，美国在这方面积累了大量经验。拜登作为老牌政客，再次启用价值观贸易对我国进行遏制，试图仿照冷战时期的做法与我国“脱钩”，构建另外的“小圈子”，将我国排除在国际分工、经贸体系和经贸规则之外。相比之下，我国在应对价值观贸易方面经验欠缺。

第二，价值观贸易可以灵活使用。与传统依靠规则和法律对华遏制的政策措施相比，运用价值观贸易灵活性很强，可随时以人权、安全等为由发动和加严对我国限制措施，也相对容易取消，不必经过复杂的法律程序，还可以针对具体的地区、产业、企业等进行精准打击。特别是贸易和投资许可证等政策工具，透明度不高甚至可以“黑箱操作”，随意性大、可松可紧，可反复使用，为对华经贸往来造成很大的不确定性，放大了“脱钩”效应。

第三，价值观贸易容易动员国内民众和西方盟友。拜登通过宣扬中美价值观冲突力图占据道德制高点，在国内获得广泛的民意支持，使民众认为压制中国发展在政治上是正确的，两党和政界、社会、民众等在遏华战略上形成高度一致，并愿意负担相应的代价，为后续遏华各项政策做了铺垫。国际上，由于美国与西方国家传统的民主、人权、自由等价值观相似，美国极力放大中美价值观差异甚至挑起价值观对抗，容易获得西方国家民众支持，并倒逼政府对华采取强硬立场，拉拢西方国家共同遏华抗中。但也要看到，价值观贸易背离市场经济要求，严重损害经济效率，短期内商界出于价值观考虑可能给予支持，但长期而言商界最终还会回归商业利益，对价值观贸易的支持逐渐减少。

第四，价值观贸易是成本较小的遏华战略工具。与加征关税等政策相比，美国价值观贸易的成本很低。一方面，我国不好反制美方对我国采取的价值观贸易措施。例如，美国限制对我国高科技产品技术出口，我国反制措施是限制对美出口，但对绝大多数产品来说，美国能找到进口替代国家或自己生产，因此不但美国所受损失较小，而且还会减少对我国的出口。另一方面，美国联合西方盟友对我国围堵，将放大对我国围堵效应而同时不必承担损失。

第五，价值观贸易是美国综合实力的反映。美国在全球具有科技霸权、金融霸权、规则霸权，还掌握舆论霸权，这是美国能开展价值观贸易的基础。美国是全球综合经济和科技实力最强的国家，掌握大量全球领先的先进技术，加之金融实力最强，美元是全球最重要的储备货币，位于全球分工体系的最顶端。同时，美国不但是有利于美西方的传统国际规则的主要制定者，而且经常枉顾国际规则、动辄利用美国内法对其他国家进行限制和制裁。例如，美国作为很多国家先进技术的进口源头，利用国内法以安全名义通过长臂管辖限制第三国向我国出口具有一定美国含量的技术和产品。此外，美国还掌控着西方国家媒体的话语权，近年来在外交、军事、政治体制等问题上不断将我国妖魔化，贴上军事威胁、威权体制等标签，为与我国进行价值观贸易进行铺垫。

第六，价值观贸易重点在高科技领域。与特朗普政府的普遍性脱钩政策不同，拜登政府在压制中国发展和与中国合作之间寻找平衡，也就是"脱钩"、竞争、合作并存。一方面，价值观贸易重点打压的是我国高科技产业，基本延续特朗普政府对华"科技战"方式，但不断扩大清单范围，加快我国与美西方科技"脱钩"，阻断我国高科技产业和开放创新发展进程，同时维持和提高美国在科技领域的国际竞争力特别是对华竞争力。另一方面，对一般产业还要维持合作关系，以维护美国企业和消费者利益。价值观贸易虽涵盖范围很广，但只有少部分是针对一般产品的，如限制新疆产品出口，大部分则是瞄准高科技产业的，如严格限制美国技术、产品、服务和人才等出口。

三、美国构建排华价值链网络对我国参与全球产业链具有严重的负面影响

从改革开放到2008年国际金融危机前，我国深度参与经济全球化进程，由于劳动密集型产业优势明显，与发达国家的要素禀赋、产业结构以互补为主，双方形成垂直分工关系，发达国家是我国主要贸易伙伴和中高端要素主要来源地，我国整体上位于全球产业链的中低端环节，是发达国家产业转移的承接地和国际经贸规则的接受者。中美分别作为最大的发展中国家和发达国家，构建了全球最广泛最密切的经贸联系和分工关系。在这个阶段，我国与其他发展中国家以竞争关系为主，经贸联系相对较小。

国际金融危机之后，我国要素禀赋与产业结构逐步升级，在资本、技术、知识等密集型产业和战略性新兴产业中开始获得比较优势，与发达国家互补关系减弱、竞争关系加强，与发展中国家互补关系增强。从理论和经验看，我国在比较优势升级后，应逐步嵌入发达国家的分工体系，形成基于中高端相似要素禀赋的新型分工关系，即目前发达国家之间的高度依存、紧密联系的水平分工模式。这种模式的基本特征是，各发达国家位于全球产业链的高端环节，但每个国家专注部分领先的高端关键核心技术和制造环节，它们之间形成既高度分工又高度合作的关系，共同打造全球最复杂的产业链。其中，美国等强国大国所掌握的核心和关键技术最多，具有最多的产业链链主，也是很多产业生态主导者和国际规则的制定者。例如，芯片、汽车、大飞机作为全球最复杂最高端的制造系统，生产以及相应的研发创新，不是靠单个国家能完成的，而是由多个国家高度合作完成的，但美国等一些强国具备对产

业链的整体控制力。

现阶段，我国正处于重塑国际分工格局的关键阶段，我国参与国际产业链分工模式将出现跃升。一是我国整体产业链将逐步进入中高端，我国出口的关键设备、关键零部件、高端产品、先进技术以及研发、品牌等位于产业链的高端环节部分比重在上升，对全球资源的支配能力也在提升。二是与发达国家逐渐形成基于相似比较优势的水平分工关系，特别是形成复杂制造过程的水平专业化分工关系，双方相互依存关系更为紧密。三是与发展中国家形成垂直分工关系，我国在这种合作中处于核心和支配地位。从日韩和四小龙等新兴经济体转向发达经济体经验看，由于新兴经济体比较优势升级后会冲击发达国家原有产业，因此嵌入发达国家分工体系的过程通常比较曲折，会受到发达国家各种打压，但是这些国家经过十余年的发展，最终都融入了发达国家的产业链体系。我国由于经济规模大、产业体系相对完整、创新能力提升很快，对发达国家产业和原有利益格局冲击更大，会遇到各种障碍和阻力，嵌入发达国家分工体系更复杂。

更为重要的是，近年来国际环境也出现了产业链调整重组的新变化。近年来逆全球化思潮，最初是由发达国家中低收入阶层收入分配不合理而触发的，但随着大国博弈日益激烈、新冠疫情的复杂影响，目前逆全球化已进入第二阶段，也就是主要国家强调国家安全、产业链供应链稳定和韧性，开始重构全球市场网络，呈现出政治安全利益大于经济效率利益、国家间经济“脱钩”增加、原有高效的全球产业链被打乱、各国经济内向化等一系列特征。

整体看，美国利用价值观贸易，联合盟友加快与我国在关键领域“脱钩”、构建排华性产业链网络，将破坏过去形成的、效率优先的跨国产业链供应链，削弱我国产业链相对完整优势，降低产业分工效率。一方面，将严重影响我国嵌入发达经济体的中高端生产网络，甚至将我国排除在中高端国际分工体系之外，阻碍延缓我国正常的贸易升级、产业升级、开放创新等进程；另一方面，美国通过排他性自贸协定、削弱我国高端制造和创新能力等途经，削弱我国与发展中国家的经贸联系，对构建以我国为核心的由发展中国家组成的中低端国际分工也有不利影响。

具体有以下四方面负面影响。

第一，限制上游“卡脖子”产品或技术对华出口，将严重影响我国广大下游产业发展。对我国产业关键设备、零部件、技术等“断供”，将中断我国上游产业的国际供应链，对我国相关下游制造产生严重影响，不但出口和产出下降，而且进一步导致产能萎缩，或只能生产中低端落后产品。这是对我国产业链影响最大的一种情形。这既包括美国直接限制本国产品对华出口，也包括限制对具有美国含量的产品第三国出口，还包括在美国影响下，盟友等限制对华出口。对我国产业的影响程度，主要取决于美国产品的技术难度、可替代性、下游产业使用的规范程度等。美国会选择我国下游产业普遍使用、美国产品缺乏替代、美国技术先进、我国难以掌握的、对我国“卡脖子”的产品，甚至是美国具有垄断性的某些技术。对可替代的、或使用范围不大的产品，而且还会损害美国出口商利益，美国限制出口效果不大，通常不会严加限制。高端芯片是美国对华限制最严的产品，近年来美国不断从设备、零部件、软件、技术、人才、投资等方面对我国全面限制，并与盟国联合封杀。高端芯片关系到下游广泛重要的新兴产业，如手机、智能终端、新能源汽车、人工智能、通信设备等，这些都是我国大力发展或已具备较强国际竞争力的产业，美西方从上游“断供”将严重损害这些产业，特别是高端部分发展，削弱我国全球制造基地地位，也阻止我国进入中高端分工体系。例如华为在这种打压下，已基本退出了原来全球领先的市场。

第二，限制我国出口市场，将加快我国部分产业和产业链对外转移。美国限制我国出口，一方面是通过加征关税，或构建排华性的自贸区，从而削弱我国出口产品的价格竞争力，另一方面是直接限制我国产品、服务等出口。这会产生贸易转移效应，也就是别国从我国进口转向从其他国家进口，不但会导致我国相关产业需求下降，而且会引发产业随市场需求转移而外迁。对于纺织服装等一体化分工的产业，将会出现全产业链外迁；而对于电子信息等专业化分工的产业来说，在我国境内的产业环节也会外迁。产业链外迁的程度，取决于成本和关税的相对变化，甚至在国内只保留满足国内市场的部分。另外，跨国公司为了规避价值观贸易带来的不确定性和风险，越来越多采取“中国+1”“中国+N”全球布局，不但对新增产能在中国以外地区布局，而且一些以出口为主的企业也减少在我国境内的产能，特别是龙头企业率先外迁，并带动配套企业转移。限制出口触发的产业外移，叠加我国传统资源劳动密集产业比较优势下降所造成的企业外迁，将加速传统制造业外移。

第三，迫使产业链调整重组，降低国际分工效率。在目前国际分工紧密的情况下，价值观贸易会限制正常的经贸往来，不但会直接减少一些产品的贸易特别是出口，导致出口对经济和就业的拉动作用下降，更会破坏原来高效的产业链，加快产业链的调整重组，取而代之的是较低效率的产业链体系。典型的是美国所谓的“维吾尔强迫劳动预防法案”，一方面，使新疆产品对美西方国家的直接出口减少，一些跨国公司也在美国操控的国际舆论影响下，减少了对新疆产品的采购，从而冲击新疆棉花、纺织、光伏、机械装备等优势产业，增加新疆维稳难度。另一方面，美国对产品成分的要求，大大增加了受影响的进出口产品范围，隔断新疆与我国其他省份正常的产业链连接。例如我国出口竞争优势明显的纺织服装多含有新疆棉成分，美国限制新疆棉成分出口，不但对我国纺织服装类出口影响很大，而且迫使我国企业转为采购非新疆棉成分，打乱我国境内完整的纺织服装产业链，增加安全隐患。

第四，对研发等高端创新资源的流入限制，将阻碍我国国际创新链的发展。美国限制研发设备、实验原材料和先进技术等对华出口，以及对在华美资企业的管理、技术人员进行限制等，都将阻断我国利用国际创新资源进行开放创新，阻碍高端创新链的国际合作，对我国通过开放创新迈向产业链高端，发展战略性新兴产业，加快产业和贸易结构升级产生负面影响。

四、应对美国价值观贸易对我国产业链影响的对策建议

第一，批驳美西方对我国价值观的指控，指出美国全球霸权。一方面，在国际特别是美西方有影响力媒体，利用西方媒体的开放性，通过借用“外脑”“外笔”等方式，批驳美西方对我国的无端指责，强调各国制度具有差异性，强调中国特色政治经济制度、价值观和发展道路的正当性和合理性，是中国人民的选择。同时，积极支持香港、新疆、西藏等美国重点抹黑地区经济发展，以实际情况证明中国式价值观有利于这些地区经济繁荣、社会稳定和人民幸福，批驳美国对我国的无端指控，动摇美国对我国价值观贸易的基础。另一方面，在国际上批驳美国借口价值观，分裂世界、挑起冷战、阻碍发展、谋取私利。例如，批驳近年来美国推动逆全球化、搞排他性“小圈子”、推动价值观贸易、扰乱拆散国际产业链、动用国家力量竞争等行为，不但违背西方自由市场经济竞争传统，而且破坏过去形成的稳定高效的国际分工体系，扰乱世界经济秩序，使全球为美国破坏国际供应链的行为“买单”，导致全球供给曲线收缩，推高全球通胀，降低社会福利。又如，在国际上创造议题反制美国，针对目前全球关注的俄乌冲突、粮食安全、能源安全、全球通胀、经济复苏艰难、产业链断供、世界贫富鸿沟拉大等热点焦点问题，指出美国一系列“胁迫外交”和霸凌行为，以及在其中发挥的负面作用，揭露其背后自私和虚伪的本质等。

第二，积极争取欧盟等发达国家，分化美西方同盟，推动中欧形成新产业链。如前所述，目前我国开放的关键是要与发达国家形成新型水平分工关系，但在目前美国遏华战略全面升级的情况下，与美国构建新型分工关系可

能性很小。但是，我国与其他发达国家，尤其是欧洲国家仍可以积极争取合作，在坚守底线的前提下，避免政治外交问题影响经济合作，特别是防范欧洲国家跟随美国脚步，联手制造反华联盟。一是选择经济规模较大、具有产业链关键技术、与我国关系比较稳定、对美国独立性较强的欧洲国家，推动双方领导人加强沟通，增进互信了解，消除对方疑虑，管控双方分歧，避免被美国绑架，为深化合作奠定基础，并通过积极推动双边自贸协定、设立国别园区等方式，开展产业链合作，同时利用好美欧、欧洲国家内部竞争关系，倒逼其他国家与我国合作。二是利用好我国大市场、经济结构快速升级、产业类别丰富、应用场景众多等优势，力争尽快恢复中欧投资协定谈判进程，探索开展中欧自贸协定谈判，或研究单方扩大欧洲对我国市场准入，推动双方相互投资，吸引欧洲高科技企业合作，促进中欧产业、科技等挂钩，双方经济和产业紧密环绕在一起，构建我国与美国以外发达国家的高科技创新链产业链，形成新型分工关系，使欧洲国家与我国合作能获得实实在在的利益，倒逼美国企业对美国政府科技“脱钩”政策施压。三是选择数字经济等领域建立新型分工关系，数字经济是中欧双方着力发展、共同面临美国竞争的新兴高度分工的产业，中欧在数字经济方面互补性强，如欧洲技术先进、中方应用场景广阔等，合作潜力很大。

第三，以美国商界为切入点，分化美国内部，防止大规模产业链“脱钩”。美国价值观贸易虽短期有效，但由于违背市场规律，其代价也很大，“杀敌一千，自损八百”甚至是“杀敌八百，自损一千”。例如，限制对华贸易和投资，使美国企业失去进入中国市场、分享中国发展的机会，导致美国企业在与其他国家竞争中处于不利位置，并造成产业链不稳定、物价上涨等。此外，价值观贸易也严重损害美国国际声誉和国际形象，使与美国有密切经贸往来的国家重新思考与美国的经贸关系，降低对美国的经贸依赖，并不利于维护美国霸权。从中长期看，中美创新挂钩的经济驱动比政治驱动、价值观驱动作用更大，美国商界对中美“脱钩”态度将有所松动和软化，民众支持将出现分化，价值观贸易的中长期效果递减、难以持续。一是继续支持在华美资企业，鼓励美资在华增加投资，投入更多高端要素，改善营商环境，加强与我国企业合作、升级合作方式，使美资企业成为反对美国价值观贸易的主要力量。二是在中美经济特别是贸易关系上，我方不主动“脱钩”，保持与美国的贸易联系，不但在粮食、能源、服务等方面扩大从美国进口和采购，提高美国市场对我国的依存度，而且继续支持我国向美国出口，提高美国消费者对我国产品的需求，最终推动贸易商成为反对“脱钩”和价值观贸易的另一支力量。由于拜登政府认为加征关税对中美“脱钩”意义不大，未来存在美国降低乃至取消对华加征关税的可能性，届时我国应积极配合，争取早日取消加征关税。三是保持国内经济稳步较快发展，争取在2030年经济总量超过美国成为世界第一，提高我国对全球资源要素的吸引力和配置力，倒逼美国企业与我国合作。

第四，做好国内事情，提高对中高端要素的吸引力。保持国内经济平稳较快增长，利用我国大市场优势，加之更大程度的制度性开放，吸引发达国家加强与我国创业科技企业合作。继续扩大对研发、检测、维修等与高科技有关产业特别是服务业的外资市场准入，持续改善营商环境，丰富利用外资、共同研发、科技交流等多种合作方式，提高我国对发达国家高科技领域合作吸引力，对冲美国与我国高科技脱钩的影响。选择在上海、深圳等重点城市，大力营造国际化的人居环境，便利高端国际人才通关往来，吸引国际高端人才入境为研发等产业链高端合作提供支撑。

第七章
美国通胀削减法案对我国新能源产业的影响和对策

内容提要：2022年8月16日，美国总统拜登正式签署《2022削减通胀法案》(以下简称《法案》)，其中有关支持新能源汽车产业发展的相关政策措施由于存在明显的保护主义倾向，引起世界各国广泛关注。整体上看，这一《法案》短期内尚不会对我国在新能源汽车全产业链中的地位造成显著冲击，但确实会影响全球新能源汽车供应链格局，我国动力电池、新能源汽车整车等产品直接对美出口也将受到较大影响。建议深入揭批美国以发展新能源产业为名行贸易保护主义之实的本质，对电池、整车等领域的重点受损企业予以一定支持，并稳步推进面向境外市场的新能源产业链海外投资。

一、《法案》对新能源汽车供应链提出了诸多歧视性、限制性要求

一是消费补贴对上游原材料供应有着明确要求。《法案》要求，美国民众在购买新能源汽车时，只有保证新能源汽车整车在美国生产且动力电池使用的“关键原材料”至少有40%在美国本土开采，或由与美国签订自由贸易协定的国家提供，或在北美地区废旧电池回收再利用中获取，才会享受3 750美

元的补贴。其中关键原材料包含镍、钴、锂、石墨等50种矿产资源，美国本土开采所含比例将在2023—2026年由40%上调至80%。根据美国地质调查局数据，在钴、锂、石墨等最关键矿产资源中，当前主要生产国中只有澳大利亚、加拿大和美国签署了FTA，且澳大利亚虽然锂产量2021年占全球的55%，但钴产量仅占全球的4%，相比占全球产量70%以上的刚果（金）差距巨大；加拿大天然石墨产量也仅占全球的0.86%，相比占全球产量82%的我国也差距巨大。因此，新能源汽车和电池厂商在进入美国市场时，为能够享受消费补贴红利，将被迫在澳大利亚、加拿大等仍有较大钴、石墨富余储量的国家新建矿产资源开采基地，从而改变全球相关资源供应格局。

二是消费补贴对于电池生产组装本地化有着明确要求。《法案》明确指出消费者购买的新能源汽车中，若其动力电池生产中在2028年之前使用至少2种在美国本土生产组件（包括正负极材料、隔膜、电解液、极耳等），而在2028年之后全部零部件均为本土化生产，可以申请最高3 750美元的政府消费补贴，且这一补贴和上文提及的矿产资源补贴可以同时享受。据统计，全球动力电池的绝大部分组件均在中国生产，2022年我国锂离子电池出货量全球占比达到69%，其他产能主要来源于日本和韩国，美国本土除石墨负极材料占全球10%以上外，其他组件产能占全球比重非常低。因此，这必然会推动跨国公司将在美国布局面向美国市场的电池组件产能。

三是消费补贴主要覆盖中低端车型。此次补贴政策仅覆盖中低端车型，售价超过8万美元的小型面包车、SUV、皮卡以及售价超过5.5万美元的小型车辆均无法享受消费补贴。2022年5月美国新能源汽车平均价格约在5.4万美元左右（不包括特斯拉），因此大多数入门和通用车型均能够享受这一补贴。

四是对消费补贴保留了维护国家安全的条款。《法案》继续沿用“敏感实体”概念，规定在必要时可对在美国投资非本土企业开展调查，若该企业被认定为从事未经授权的、有损于美国国家安全或外交政策的行为，即可被定义为“敏感实体”，并有权对其采取限制建厂、上市融资等制裁，更不可能对相关产品提供消费补贴。

二、《法案》对我国新能源汽车企业扩大美国市场份额将带来严重负面影响

（一）短期内不会严重冲击我国在全球新能源汽车产业链中的地位

从上游矿产资源掌控力来看，包括锂、镍、钴在内的多种动力电池生产所需矿产资源目前均由我国企业参与开采开发或拥有开采矿权，如全球钴矿勘探开发前10位的企业中我国企业占有4席，2022年8月，中国上市公司江西赣锋锂业股份有限公司成功收购巴卡诺拉锂业公司并获得其位于墨西哥的锂黏土提锂项目，美国政府运用“关键原材料”条款虽会造成全球锂、钴等矿产资源供应格局调整，但考虑到矿产资源项目建设周期长、投入资金大等问题，未来10～15年内我国全球矿产资源掌控力不会受到明显削弱。在中游组件方面，我国在新能源电池组件产能方面占据绝对优势，2022年我国动力电池累计产能545.9GWh，其中绝大多数满足国内电动车装配需求，部分海外订单也多集中在欧洲，电池正负极、隔膜、溶解液、极耳等更是占据全球垄断地位，因此美国通过消费补贴提升电池组件本土产能并不会对我国动力电池国际垄断地位产生撼动。在整车方面，美国一直都不是我国新能源汽车主要出口地区，2022年我国全年新能源汽车出口达67.9万辆，对美国出口仅1.49万辆，对美国出口占比极低，而对欧盟及印度、孟加拉国等周边国家出口占到我国新能源汽车总出口的70%左右。综上所述，短期之内，我国凭借市场优势、关键零部件产能优势以及原材料综合优势，仍然是全球新能源汽车产业的主导者。

（二）严重影响我国新能源汽车企业扩大美国市场份额

随着我国新能源汽车生产技术的不断成熟，多数汽车企业已具备打入国际市场的能力并已取得较为不错的成绩。随着拜登政府将新能源汽车作为未来消费的主要增长点，北美市场本应成为我国新能源汽车下一个重要的海外市场。特别是受疫情影响，美国民众对高价位汽车购买意愿明显不高，如据罗申美会计师事务所调查显示，2022年美国具有购车意愿的民众中近一半仅计划购买较为实惠的中低端车型或二手汽车，一定程度上为小鹏、蔚来、比亚迪等企业的中低端车型打入当地市场提供战略“窗口期”。然而，《法案》落地之后，产业链在日、韩、澳、墨、美等国的新能源汽车在美国销售时消费者将能够享受最多7 500美元的消费补贴，而大众、丰田、通用等普通车型2022年在美国销售价格均在5万～5.5万美元，享受补贴后实际售价仅为4.5万美元左右，远低于我国比亚迪同类车型5.1万～5.3万美元的售价。因此，只要相关产业链能够顺利建成，依托我国国内电池供应的中国新能源汽车企业基本上被排挤在美国市场之外。即便比亚迪、宁德时代等企业采取了对美国投资电池、组件及新能源汽车整车的全产业链合作模式以规避相关歧视性政策，美国也可以将相关企业列为“敏感实体”，迫使其撤出美国市场。

（三）有助于美国在中长期新能源汽车技术竞争中重塑优势

虽然除特斯拉外，美国其他大型车企新能源汽车集成创新能力并不强，但美国在快速充电、电池用电管理、智能导航、车载芯片研发领域等诸多新能源汽车关键核心技术仍处于全球领先水平。如在芯片领域，英特尔、英伟达等美国芯片企业仍对全球芯片研发拥有高度垄断，美初创公司Enovix宣布研发了一款新型硅基材料可将现有电池充电时间缩短90%，目前最先进的自动驾驶技术仍被谷歌、通用等美国企业所掌控。《法案》在一定程度上将我国产品排除出美国新能源汽车市场，事实上为美国新能源汽车产业链各个环节的高技术企业加大研发力度、进行技术创新提供了更多的市场空间，将推动大量风险投资进入美国新能源汽车领域，产生一批新兴的独角兽企业。届时，美国在缩小新能源电池制造等领域和我国技术差距的同时，依托在快速充电、智能驾驶等方面的综合技术优势，打造出更多综合性能强于我国现有产品的新能源汽车及零部件，进一步强化对该产业的领导权。

（四）严重影响我国对美国出口动力电池及相关组件

美国是我国新能源汽车动力电池及其相关组件出口的重要地区，2022年我国锂电池出口额排名前五的国家依次为美国、德国、韩国、荷兰和越南，占总出口额的57.6%。其中，国内出口至美国的锂电池金额为682.1亿元，同比增长112%。《法案》出台后，我国相关电池及组件对美国出口将受到严重限制，2028年甚至可能被完全禁止。这庞大的市场规模势必造成欧、日、韩等国际资本投资美国建设新能源产业链，目前已有丰田、松下等日本汽车制造企业在美国本土布局动力电池生产线。这些企业在巩固美国市场之后，将继续在其他第三方市场也和我国企业开展激烈竞争，我国电池出口企业未来面临的竞争压力将更加严峻。

（五）扰乱我国海外战略性矿产资源布局

为做好战略性新兴矿产资源储备并为我国高新技术产业提供必要的物资支撑，近年我国不断推进海外矿产项目建设，如2022年初比亚迪在智利阿塔卡马盐湖投资锂矿项目，宁德时代、中国水利水电第十工程局有限公司等均在印度尼西亚布局镍矿开采以满足国内新能源汽车动力电池生产。《法案》出台后，美国势必和加拿大、澳大利亚等与其签署FTA的国家在矿产资源开发领域形成联盟，并运用各种手段阻碍我国企业前往开采矿产资源。更为严重的是，美国通过充分利用刚果（金）、赞比亚、印度尼西亚、智利等我国主要资源开发合作伙伴经济发展中面临的困难，通过培植“代理人”等方式干预这些国家的政局，对这些国家进行拉拢，将破坏我国和这些国家的战略性矿产资源开发合作。

三、政策建议

一是全面揭批美国以发展新能源产业为名行贸易保护主义之实的本质，争取国际舆论主导权。在G20、WTO、APEC等全球或区域治理场合明确阐明，美国《法案》中要求新能源汽车必须在美国市场生产才能享受消费补贴的条款完全违反WTO的非歧视原则，而对动力电池相关组件及关键矿物原料的限制更是将贸易保护主义政策推向全产业链，将导致全球化遭受严重挫折。这类做法干扰了全球新能源汽车产业链遵循低成本的布局，增加了新能源产业布局的成本，实质上增加了应对气候变化的成本。我国可运用科学模型测算美国相关政策对全球新能源产业链运行效率及对全球应对气候变化努力的负面影响，并在国际权威期刊发表，深入揭露这一做法对全人类共同利益的危害。在必要时发布有关美国破坏气候治理的相应白皮书，争取更多国家支持我国立场。

二是准确评价我国新能源汽车产业链短期所受影响，并对重点企业予以支持。虽然我国新能源汽车产业链主要市场最终不在美国，但由于我国在电池组件、新能源汽车整车组装等新能源汽车产业链各个环节均在全球具备绝对优势，因此部分企业必然会受到美国相关政策的冲击。建议重点针对对美国出口新能源汽车整车企业、重点为美国市场销售的新能源汽车生产电池及相关组件的企业进行全面调研，了解其利益受损情况。积极支持相关企业在共建“一带一路”国家、欧盟国家以及国内举办市场推广活动，帮助其拓展新兴市场。对确实因美国《法案》受到严重利益损失的重点企业进行一定的救助工作。

三是提前做好美西方实施更大规模遏制我国新能源汽车产业发展措施的应对预案。一方面，深入评估美国通过推进跨大西洋贸易与投资伙伴协议（TTIP）或和欧盟、英国签署专项合作协定，将欧盟、英国生产的新能源汽车及电池组件纳入《法案》中的补贴范围，并共同限制我国新能源汽车出口的风险。另一方面，深入评估美国将所有中资企业控股乃至参股的海外矿产所生产的钴、锂等关键矿物均排除出“白名单”的可能性。科学测算相关情景下我国新能源汽车产业链所受的冲击，并制定相应的救助及反制预案。

四是稳步推进面向境外市场的新能源产业链海外投资。充分发挥我国新能源汽车全产业链优势和刚果（金）等经济体在钴等关键资源的垄断优势，延长我国在刚果（金）等经济体的新能源电池产业链，深化我国和刚果（金）经济的共同利益，逐步迫使美国将我国实际控制的海外关键电池组件生产环节逐步纳入其“白名单”。在风险可控的前提下，稳步推进对澳大利亚、韩国、加拿大等与美签署FTA的经济体在矿产资源领域的投资，主要供应美国市场。充分利用我国企业的产能规模、全产业链配套能力等优势，加快推进中美新能源汽车合作谈判，要求美方不得将我国民营企业在美国设立的新能源汽车整车和相关电池组件生产基地纳入“敏感实体”清单。在综合考虑安全风险、经济利益等因素的基础上支持比亚迪、小鹏、宁德时代等企业在美国本土适度设立面向美国市场的新能源汽车及相关组件生产基地。

第八章 我国对外贸易格局演进及发展文献综述

内容提要：我国处于从贸易大国向贸易强国转变的关键阶段，如何通过对外贸易结构的优化带动产业结构持续升级，转变粗放型的外贸增长方式，是必须研究和明确的问题。我国应准确研判全球产业链重塑的内涵和趋势，有效调整对外贸易战略，加快构建国内国际双循环相互促进的新发展格局。

一、我国对外贸易格局演进的理论研究和实践历程

（一）关于我国对外贸易对经济增长作用的理论研究

改革开放以来，我国对外贸易发展取得了规模增长、结构升级、主体多元化、市场拓展等辉煌成就（盛斌、魏方，2019；裴长洪，2022），已成为世界第一贸易大国，这为我国加快现代化建设、促进经济发展和提高综合国力提供了重要动力。

1.对外贸易通过推动技术进步、资本积累、结构转化、制度改革促进经济增长

20世纪90年代之后，我国出口每增长10%能推动GDP增长1%（林毅夫、李永军，2003）。在较高的外贸依存度下，对外贸易大大带动了国内经济增长，

实现途径主要包括：第一，对外贸易过程中实现的出口学习效应以及进口技术外溢效应，有助于提高了生产率，且通过加剧国内市场竞争实现优胜劣汰，提高了整体企业的生产率水平（彭国华，2007）；第二，对外贸易有助于资本积累，实现了规模经济，加速了要素积累（林毅夫等，1999）；第三，对外贸易加快了国内结构转化。在对外贸易拉动下，部分农村劳动力逐步转移到制造业，制造业内部也进行了新一轮的结构升级与转换，促进了整体生产率的提高；第四，通过不断接触外部世界的新知识、新理念与新技术，对外贸易促进了国内制度改革与经济转型。

2.对外贸易改善了中国的产业集中度与空间利益格局

在参与国际贸易的过程中，我国产业的空间集中度和地区专业化水平大大提高。一方面，制造业向东部地区集中，农业部门蕴藏的大量剩余劳动力也加速向非农产业转移，形成了沿海和内地的“中心—外围”格局。另一方面，随着开放程度的提高，通过参与对外贸易也加剧了内部市场竞争，有效减轻了市场分割与地方保护，促成全国统一大市场的形成。特别是我国自2013年以来先后设立了22个自由贸易试验区（港），通过降低关税、便利要素流动，改善营商环境，为产业集聚和集中特色发展提供适宜环境。

3.对外贸易通过纳入多元经营主体创造了更多就业

改革开放以来，我国依靠劳动力成本与资源的优势，较长一段时间内集中于以纺织服装类产品为代表的低技术产品及以电子器件和电器产品为代表的部分高技术产品领域，带动了更多元的经营主体参与到国际贸易中，进而对拉动就业与居民收入起到了积极作用。随着我国深度融入全球价值链分工体系，其就业效应也更进一步显现。吕越等（2018）研究表明全球价值链对就业产生显著促进作用，尤其是对资本密集型企业和技术密集型企业，其促进效应更为显著。

4. 对外贸易通过清洁生产与加强终端治理减缓了生产对环境的污染

我国对外贸易逐渐向清洁低碳行业倾斜，技术进步也推动与出口贸易相关的企业降低污染排放。谭用和盛丹（2022）认为，通过使用清洁能源和加强终端治理，中国出口贸易降低了企业的污染排放；苏丹妮（2020）研究表明国内环境规制水平提高和企业技术外溢有助于出口企业实现减排。

（二）我国对外贸易结构演进历史进程

改革开放以来，我国对外贸易发展历程主要分为以下三个阶段。

1. 加入WTO之前：出口导向型贸易快速发展阶段

此阶段的对外贸易采取的是以出口资源及劳动密集型产品为主、鼓励出口型产业的发展、建设出口产业体系为主的出口导向型战略。对于进口则采取设置关税、进口许可证和进口商品分类经营管理等较为严格的限制措施，重点是进口以资本和技术密集型为主的产品，引进软件、先进技术和关键设备以及必要的国内急需的短缺生产资料。1978—1991年的我国贸易总体仍呈逆差状态，1992年党的十四大提出经济体制改革的目标是建立社会主义市场经济体制。在市场化的导向下，地方政府吸引外资的积极性被充分调动，并促进了对外贸易的发展。此后对外贸易实现了以出口导向型为主的目标，国际贸易总体呈贸易顺差状态。1992—2001年，我国外商投资企业出口额由173.6亿美元上升至1 332.35亿美元，占我国出口总额的比重从1992年的20.44%上升到2001年的50.06%。

2. 加入WTO至2008年国际金融危机：公平与保护并存的开放贸易阶段

受2001年加入WTO以来的全球化红利、关税下降和鼓励出口政策等影响，我国贸易规模迅速增长，从2002年的51 378亿元增加到2008年的179 921亿元，世界排名由第六位升至第三位，出口跃居第二位。上一轮的经济过热在2009年前持续发酵，中国的经济增速在2003年突破两位数的增长率后仍继续上升，2007年增至14.2%。此阶段国际贸易对经济增长的贡献可谓功不可没，对外贸易依存度总体呈稳中有升的态势，由2002年的42.21%增至2012年的45.33%，2006年的对外贸易依存度曾一度高达64.24%。研究发现，加入WTO确实提高了中国与世界的增加值关联程度。

3. **2008年国际金融危机之后：以内循环为主、内外循环相互促进的新发展格局阶段**

2008年爆发的国际金融危机致使国际经济环境加剧恶化，贸易保护主义和“逆全球化”思潮开始兴起，外循环引擎逐渐开始失灵。从进出口商品结构看，出口商品中工业制成品比重在逐步上升，已由2009年的38.74%上升到2018年的44.59%；高技能电子产品零部件出口占货物贸易比重从2009年的15%上升到2018年的17.17%，制成品进口比重从2009年的66.86%下降到2018年的57.68%（裴长洪、刘洪愧，2020）。高新技术产品出口比重虽然呈现出上升趋势，但具有自主研发的先进技术和国际品牌所占比重仍需提高。另外，制成品中高技能电子产品零部件进口比重逆势上涨，说明我国在核心零部件的供给方面还有不足，尤其在高端制造业方面，对美、德、日、韩等经济体的技术依赖度较高。2020年，《中共中央关于制定国民经济和社会发展第十四个五年规划和二〇三五年远景目标的建议》提出了“加快构建以国内大循环为主体、国内国际双循环相互促进的发展新格局”战略目标，在此背景下，畅通内外循环、推动内外贸一体化发展成为下一步外贸高质量发展的必然选择。从贸易结构看，2020年，机电产品出口在出口总值中的占比提升至59.4%，高新技术产品出口增长快于整体出口增长，占出口总额的29.9%，与疫情相关的医疗物资和“宅经济”物资出口的放量增长带动总体出口增长，以及国内疫情防控政策及时有效，通过稳定国内有效需求，巩固了总体进口，贸易发展的质量和效益不断提升，贸易价值创造能力不断增强。

二、我国对外贸易高质量发展面临的主要问题

1.高技术产品外贸依存度仍较高

由于自主创新能力不足，技术创新层次偏低，中国社会科学院财经战略研究院课题组（2022）研究发现，因研发多集中于橡胶制品和专用设备等中高端领域，而非通信、计算机和电子设备等高技术领域，导致我国高技术产品过度依赖国外中间品和服务进口。

2.高端要素聚集不足、区域发展差异大等贸易结构发展仍不平衡

资本技术密集型产品出口占比与发达国家平均水平仍有较大差距，贸易利益分配仍处于不利地位，存在一定的价值链“低端锁定”效应。郭慧君和王黎瑶（2020）通过对全球价值链竞争力指数的测算发现，我国高技术制造业多数缺乏竞争力，在全球价值链分工中处于“加工—组装”低附加值环节，在附加值高的上游和下游环节缺乏竞争力。与此同时，由于东中西部地区要素禀赋和地理位置等方面的差异，贸易的区域性发展长期存在很大的差异性。

3.全球贸易摩擦不断深化，国内经营主体活力有待进一步释放

根据WTO统计，在WTO成员发起的反倾销调查中，约每7起案件就有1起涉及中国出口产品。民营企业虽已成为我国外贸经营的最大主体，但外资企业在外贸中的主体地位仍未被替代。外资企业和民营企业发展均面临一定阻力。一是市场准入限制、监管透明度仍然是影响外资企业对华投资的主要障碍，二是中小企业融资难、融资贵的问题没有全面落实，三是新兴服务业准入门槛仍然限制民营企业进入，四是知识产权保护制度有待进一步加强与完善等。

4.以人才为核心的外贸综合竞争力需进一步增强，数字和绿色贸易潜力亟待释放

人才是增强外贸综合竞争力的第一资源。吴艳秋和张曙霄（2021）指出我

国R&D经费投入强度和教育经费投入比重较低，导致两者对我国贸易高质量发展的贡献不足。曹俊文和雷清雅（2021）也指出贸易在惠民效应方面有所减弱是导致贸易就业人数贡献度减小的原因。

面对数字技术对经济社会发展的颠覆性影响，我国面临四大问题。一是数字贸易壁垒；二是数字贸易制度缺失；三是数字贸易高端人才短缺；四是跨境电子商务金融服务能力、物流全球化服务能力不足。

绿色贸易是贸易高质量发展的重要内容，旨在从以要素驱动、资源驱动转向环境污染少、低碳的创新驱动为主，发展低碳循环贸易。曹俊文和雷清雅（2021）指出高污染、高耗能产品出口占比的提高对我国对外贸易质量产生了一定的消极影响。

三、我国对外贸易高质量发展的对策研究

（一）近年来中央文件关于我国对外贸易发展的论述

2008年国际金融危机后，世界经济增长低迷、逆全球化思潮日益兴起，单边主义和贸易保护主义、国际经贸摩擦加剧使得我国外贸发展面临巨大阻碍，稳外贸发展成为重要关注点。早在2012年9月，国务院办公厅就发布了《关于促进外贸稳定增长的若干意见》，提出要做好出口退税和金融服务、提高贸易便利化水平、改善贸易环境、优化贸易结构。2014年5月，国务院办公厅发布《关于支持外贸稳定增长的若干意见》，依然将着力优化外贸结构、进一步改善外贸环境、强化融资等政策保障、增强外贸企业竞争力作为外贸领域重点工作。

我国经济发展进入新常态以来，外贸发展面临复杂的国内外环境变化，从供给端看，世界科技和产业革命孕育新突破，支撑我国外贸新竞争优势的国内产业基础尚不稳固，而随着国内要素成本的不断上升，传统比较优势不

断削弱。从需求端看，外部总需求不振，大规模国际产业转移明显放缓，且贸易保护主义持续升温。支撑我国外贸发展的供需两端动能均显著下降。因此，在前期稳外贸工作取得一定进展的基础上，巩固外贸传统优势、加快培育竞争新优势，持续培育外贸增长新动能，就成为外贸持续健康发展的重中之重。2015年5月，《国务院关于加快培育外贸竞争新优势的若干意见》明确，必须适应新形势新要求，努力巩固外贸传统优势，加快培育竞争新优势，继续发挥出口对经济发展的重要作用，从调整外贸结构、提升外贸国际竞争力、提升与“一带一路”沿线国家经贸合作水平、构建互利共赢的国际合作新格局等几个方面提出一系列重点任务。2016年5月，国务院印发《关于促进外贸回稳向好的若干意见》，从融资、贸易便利化、税费减免、支持加工贸易、边境贸易、进口、外贸新业态等方面进一步提出稳外贸的促进政策。

党的十九大首次提出高质量发展，表明中国经济由高速增长阶段转向高质量发展阶段，发展质量问题摆在更为突出的位置。培育贸易竞争新优势、提升外贸发展质量和效益就成为外贸高质量发展的主要任务。2019年11月，中共中央、国务院发布了《关于推进贸易高质量发展的指导意见》，提出坚持新发展理念，坚持推动高质量发展，以供给侧结构性改革为主线，加快推动由商品和要素流动型开放向规则等制度型开放转变，建设更高水平开放型经济新体制，完善涉外经贸法律和规则体系，深化外贸领域改革，坚持市场化原则和商业规则，强化科技创新、制度创新、模式和业态创新，以共建“一带一路”为重点，大力优化贸易结构，推动进口与出口、货物贸易与服务贸易、贸易与双向投资、贸易与产业协调发展，促进国际国内要素有序自由流动、资源高效配置、市场深度融合，促进国际收支基本平衡，实现贸易高质量发展，开创开放合作、包容普惠、共享共赢的国际贸易新局面。

2020年，双循环新发展格局的提出，是我国为应对内外形势变化而做出的重大战略再定位。“十四五”规划和2035年远景目标纲要强调要立足国内大循环，协同推进强大国内市场和贸易强国建设，形成全球资源要素强大引力场，促进内需和外需、进口和出口、引进外资和对外投资协调发展，加快培育参与国际合作和竞争新优势。新发展格局要求进一步升级外循环的质量，继续推动我国外贸高质量发展，逐步培育外贸增长新优势。在此大背景下，推动内外贸一体化发展，促进外贸产业链供应链畅通运转能力进一步增强，国内国际贸易规则衔接更加紧密，成为贸易高质量发展的具体要求。在此背景下，2022年1月，国务院办公厅发布了《关于促进内外贸一体化发展的意见》，完善内外贸一体化制度体系、增强内外贸一体化发展能力、加快内外贸融合发展等具体任务。在培育外贸竞争新优势的基础上，我国外贸发展更加注重质量效益的平衡，从培育外贸竞争新优势、优化贸易结构、均衡发展、培育新业态、到拓展外贸发展新空间，对外贸易高质量发展的一系列配套政策体系初步成型。

（二）我国对外贸易高质量发展的内涵

1.更加优化的贸易发展结构

马林静等（2020）提出，外贸高质量发展要厚植于现代产业经济体系中，加强贸易与产业、贸易与经济的关系，并要以制造业转型升级、服务业创新发展、新兴产业开拓布局为发展契机和基础，夯实贸易转型升级的根基。我国要更加优化外贸发展结构，体现在贸易方式、进出口商品结构和产业结构等方面。

2.更趋平衡的贸易发展格局

马林静（2020）认为，更趋平衡的贸易发展格局涵盖了国内供给市场和国外需求市场两者的多元平衡。既要优化国际市场结构，推动海外市场布局更为均衡，也要优化国内区域布局，实现国内东、中、西部不同区域的贸易更趋融合发展。王三兴和宋然（2021）提出，利用共建“一带一路”、RCEP、CPTPP等区域合作框架提升与发展中国家、周边地区以及新兴市场的贸易比重，开拓国际循环新通道和新空间，弥补发达市场萎缩对我国外贸的冲击；协同国家区域发展战略，如长三角一体化发展、京津冀协同发展、粤港澳大湾区建设、成渝地区双城经济圈建设等统筹发展，促进区域间协同开放。

3.更加持续的贸易发展动力

马林静（2020）指出，高质量发展本身就是一种生产要素投入少、资源配置效率高、资源环境成本低、经济社会效益好的可持续发展。王三兴和宋然（2021）、宋红军（2021）进一步提出外贸可持续发展的重点领域，如大力发展跨境电商、新型数字贸易，实行绿色贸易，深化服务贸易国际间合作等。

4.更高水平的贸易发展体制

马林静（2020）认为，通过推动开放型经济体系建设，推进贸易投资自由化、便利化，提高利用全球资源、市场的收益和效率是外贸高质量发展内涵的应有之义。陈亮等（2021）指出，近年来我国通过推进对外贸易创新发展、自贸试验区扩容、改善企业营商环境等措施，不断完善开放型经济体系。

5.不断提升的对外贸易话语权

王三兴和宋然（2021）指出，作为最大的发展中国家，我国应该摆脱在全球经济治理体系中的被动局面，积极参与新体系的建设，提升在全球经济中的话语权，为我国对外贸易高质量发展奠定良好的制度基础。赵丽娜（2021）认为，应对国际经贸规则重构对外贸发展冲击的最好方式，就是不断提升我国在国际经贸规则制定中的话语权，在规则重构中占据主动并争取有利地位。

（三）我国对外贸易发展的战略定位

外贸高质量发展是推进贸易强国建设的战略选择，具体战略定位有以下四方面。

1.外贸高质量发展是驱动我国经济高质量发展的重要力量

马林静（2020）指出，通过发展对外贸易，我国更好地利用了国内外“两个市场，两种资源”，获得了支撑国内经济发展的外汇资金、技术经验、能源资源等，加快了我国工业化和现代化进程，同时有效吸纳了国内剩余劳动力。

2.外贸高质量发展是适应当代全球价值链分工新变化的必然选择

中国社会科学院财经战略研究院课题组（2021）指出，在价值链国际分工体系下，国际贸易交易主体由以制成品贸易为主转向以中间品贸易为主；国际贸易利益由国家进出口规模决定，转向由企业在全球价值链中的地位决定。

3.外贸高质量发展是应对国际复杂环境变化的重要举措

中国社会科学院财经战略研究院课题组（2021）指出，当今世界处于百年未有之大变局，国际市场环境、需求环境、制度环境正发生重大变化。优化国际市场新布局，优化商品结构，增强外贸综合竞争力，实现贸易高质量发展，是应对国际发展环境变化的必然选择。

4.外贸高质量发展是构建人类命运共同体的重要实践

庄芮和张晓静（2022）指出，从中长期看，我国更高水平对外开放，将服务于构建人类命运共同体这一愿景。强调互利共赢、共商共建共享，是新时代中国对外开放的重要原则，如何培育竞争新优势、实现外贸创新发展，是我国更高水平对外开放的题中应有之义。

（四）我国对外贸易高质量发展的思路

根据中共中央、国务院发布的《关于推进贸易高质量发展的指导意见》，中国社会科学院财经战略研究院课题组（2021）将我国对外贸易高质量发展的思路总结为如下四点。一是创新、改革、开放“三轮”驱动，即创新驱动，培育贸易高质量发展新动能；扩大高水平对外开放，拓展互利共赢国际合作新空间；深化改革，建设更高水平的开放型经济新体制。二是以增强外贸综合竞争力为核心，增强以技术、标准、质量、品牌、服务为核心的外贸综合竞争力。三是以五个优化和三项建设为抓手，即优化商品结构、国际市场布局、国内区域布局、经营主体、贸易方式以及推进国家外贸转型基地、贸易促进平台、国际营销公共平台建设。四是以安全高效为保障，注重产业安全、贸易安全、投资安全，加强贸易领域风险防范。

马林静（2020）将我国对外贸易高质量发展的思路总结为创新驱动、开放引领、改革促进、地位保障四点。其中，创新驱动指转变外贸发展方式，增强外贸发展动力；开放引领指促进市场深度融合，构造协调平衡格局；改革促进指破除体制机制障碍，增加市场参与主体活力；地位保障指提升国际制度性权力，营造良好外部发展环境。

（五）我国对外贸易高质量发展的实现路径

1.创新驱动我国外贸发展，加快新旧动能转换

陈亮等（2021）提出，增强创新能力，构建外贸竞争新优势，形成一批拥有自主知识产权的技术、产品和标准，提升产业价值链国际分工水平。王一鸣（2021）指出，加快外贸新业态新模式发展，有利于外贸稳定增长和传统贸易转型升级。高运胜等（2021）提出，新一代信息技术不断催生新的贸易业态与商业模式，也为我国外贸高质量发展与产业结构转型升级塑造了新动能。裴长洪和刘洪愧（2020）提出，充分利用数字技术和数字贸易，推动服务贸易高质量发展。

2.制度创新推动结构性改革，优化外贸高质量发展环境

王三兴和宋然（2021）提出，鼓励国际经营，扩大外贸主体，激发竞争活力。陈亮等（2021）提出，深化外贸供给侧结构性改革，加强对知识产权的保护力度，建立适应我国经济发展阶段和符合经贸规则的贸易法规体系，营造公平合理的营商环境；加强国内区域市场化改革，为微观主体提供统一开放、竞争有序的完善市场体制。

3.拓展外贸发展新空间，注重“世界工厂”“世界市场”并行驱动

陈亮等(2021)指出，发挥中国超大规模市场优势，扩大进口，增加对其他国家的吸引力，提供更多消费选择，带动消费升级，促进国内国际市场的联通，拓展我国外贸发展新空间。高运胜等(2021)提出，一方面，以自贸试验区(港)对外开放高地建设为抓手，强化全球资源配置、科技创新策源、高端产业引领和开放枢纽门户等作用；另一方面，积极发挥共建“一带一路”构建区域价值链的主导作用，通过实施产能合作、签订自贸协定等，带动铁路、电力和通信等优势行业“走出去”。

4.创新全球经济治理，提升参与国际经贸规则制定的话语权

陈亮等(2021)提出，推动共建“一带一路”高质量发展，推动与沿线国家和周边国家形成经济合作新优势；推动区域和多边合作，维护多边贸易体制；推动规模经贸规则变革，贡献与我国能力相适应的更多国际公共产品。王三兴和宋然(2021)提出，对于部分空白或不确定领域之中的规则，秉持大胆试验、小心审核的原则，主动完善国际经济规则，通过参与改革修订贸易规则，扩大贸易规则中的中国元素，也为建立更为包容的全球贸易体系作出贡献。

第九章
当前我国中西部地区承接产业转移情况和存在的问题——基于赣州、佛山和南宁产业转移情况的调研

在当前全球产业链加快重塑的背景下，无论是国际产业转移还是国内区域间产业转移都呈现新的演变特征。通过对赣州、佛山和南宁等地企业产业链布局调整和承接产业转移情况进行调研发现，通过承接东部地区产业转移和加快培育新兴产业，中西部地区特色优势产业实现跨越式发展，国内不同区域间产业转移也进一步提升了我国产业链韧性和回旋空间。但随着我国物流劳动力成本的快速上升，一些劳动密集型制造业环节产能外迁趋势明显，国内区域间产业转移与产业外迁之间的竞争关系进一步加剧，而且供应链配套愈发完备的周边发展中经济体往往比我国中西部地区更能成为沿海地区企业产业转移的优先目的地。以佛山为代表的沿海企业一直积极利用东南亚国家低成本营商环境优势和区位优势，转移部分制造环节以降低全产业链成本，上游原材料、中游加工组装成为这些行业产能外迁的主要环节。如何强化内陆地区承接产业转移能力建设，促进产业在国内有序转移，引导产业链关键环节留在国内，更好平衡国内区域间产业梯度转移和产业外迁之间

的关系，成为持续优化区域生产布局、维护产业链安全稳定迫切需要解决的问题。

一、中西部地区以通道建设和多层级政策支持体系助力产业转移取得重大成绩

（一）关键通道建设实现新突破，为承接产业转移畅通进出口渠道

近年来，赣州积极谋划一批与沿海地区互联互通的高速通道，畅通产业链各环节要素流动和商品进出口渠道。赣州国际陆港班列稳定开行，常态化开行“深赣欧”班列，实现深圳方向“天天班”，开通运营“深赣组合港”，新开通运营赣州至深圳快速城际货运班列“融湾号”，赣深物流时间压缩至6小时左右。赣州还与蛇口、厦门、漳州、泉州、广州等沿海地区的海港进行合作，开通“赣州—老挝万象”“赣州—南沙—东南亚”新线路，与德国威廉港签订战略合作协议，开通首列冷链中欧班列，同时，在全国首创“跨省、跨关区、跨陆海港”的通关新模式，实现了陆海港资源共享共用、业务无缝对接、货物快速通关，成为连接“一带一路”的重要节点城市和国际货物集散地，为助推本地及周边承接产业转移打通了要素和商品进出口通道。比如赣州国际陆港建成全国唯一进口木材直通口岸，成为全球进口木材集散地，凭借内地市场腹地的区位优势，能够充分辐射周边大市场，为赣州家具原材料进口和下游产品出口畅通了物流、通关等环节，实现了“木材买全球、家具卖全球”。南宁也加快“公铁海空”联通东盟的物流枢纽，增加中越跨境班列开行频次，新增南宁—河内、南宁—沙巴等国际货运航线，航空口岸航班覆盖东盟10国、23个主要城市，实现中国南宁至越南北宁、北江公路12小时“厂对厂”通达，开通平陆运河通道，打通了中西部省市和大湾区与东盟的商品进出口通道。

（二）自上而下的多层级政策支撑体系充分激发各地资源禀赋潜力

中西部紧紧抓住当前国际国内产业分工调整以及国家支持中西部地区承接产业转移的重大战略机遇，及时出台支持产业承接的一整套政策体系，进一步激发了自身资源禀赋和比较优势。以赣州、南宁为例，赣州连接东中西部地区和南北部地区，靠近粤港澳大湾区、闽西经济区、长三角经济圈等沿海发达地区，有着独特的区位优势，并且人口总量大，劳动力成本较发达地区低。同时，赣州又抓住国家支持革命老区振兴发展的战略机遇，研究建立与深圳的对口合作机制。2022年以来，国务院批复同意建设赣州革命老区高质量发展示范区，国家发展改革委印发《革命老区重点城市对口合作工作方案》，明确赣州与深圳开展对口合作相关机制，而此前江西省和赣州市已经分别出台《关于支持赣州打造对接融入粤港澳大湾区桥头堡的若干政策措施》和《中共赣州市委赣州市人民政府关于打造对接融入粤港澳大湾区桥头堡的意见》，国家层面、省级层面和市级层面积极承接大湾区产业转移的三级支撑体制已经成型，为赣州吸引大湾区创新资源要素和龙头企业奠定了“老区特殊支持+特区引领帮扶”的双重保障机制。

（三）中西部地区承接沿海产业转移逐步向精准化、全链条化转变，产业链拓展延伸成效明显

借助产业转移逐渐向下游应用拓展延伸，带动全链条升级。以赣州稀土产业为例，一直以来，赣州稀土产业优势体现在采矿、分离萃取、冶炼等产业链上游环节，以生产稀土氧化物、稀土金属、钨粉、仲钨酸铵（APT）等中间品为主。通过承接大湾区产业转移，在稀土新材料及终端应用同时发力，逐渐实现全链条式突破（见图9-1）。一方面，积极引进大湾区科研平台，提升材料端研发和深加工能力，初步形成以高性能结构、新型功能、化工新材料为主，以

新能源、电子信息、先进复合及其他新材料制造为辅的产业集群；另一方面，以承接大湾区电子信息、新能源汽车等产业转移为契机，积极与吉利、比亚迪新能源汽车以及格力空调、坤阳锂电池、孚能动力电池等后端企业对接，拓展了稀土产业在新能源电池领域的应用。再以赣州家具产业为例，赣州积极梳理家具产业链发展现状和制约瓶颈，研究制定产业链升级技术路线图，争取到格力电器、美克家居、大自然家居、红星美凯龙、居然之家、顾家家居等一批行业龙头企业项目落户，推动“家装+家具+家电”一体化融合发展。同时，在关键环节进行智能化、数字化改造，包括引入能与智能设备对接的设计软件，如在实木家具领域先行升级实木家具异型件、榫卯件关键环节所需的五轴加工中心、数控智能出榫机等设备，弥补关键环节数字化生产短板，通过“数字大脑+实体工厂”，实现家具产业全链条智能化升级。

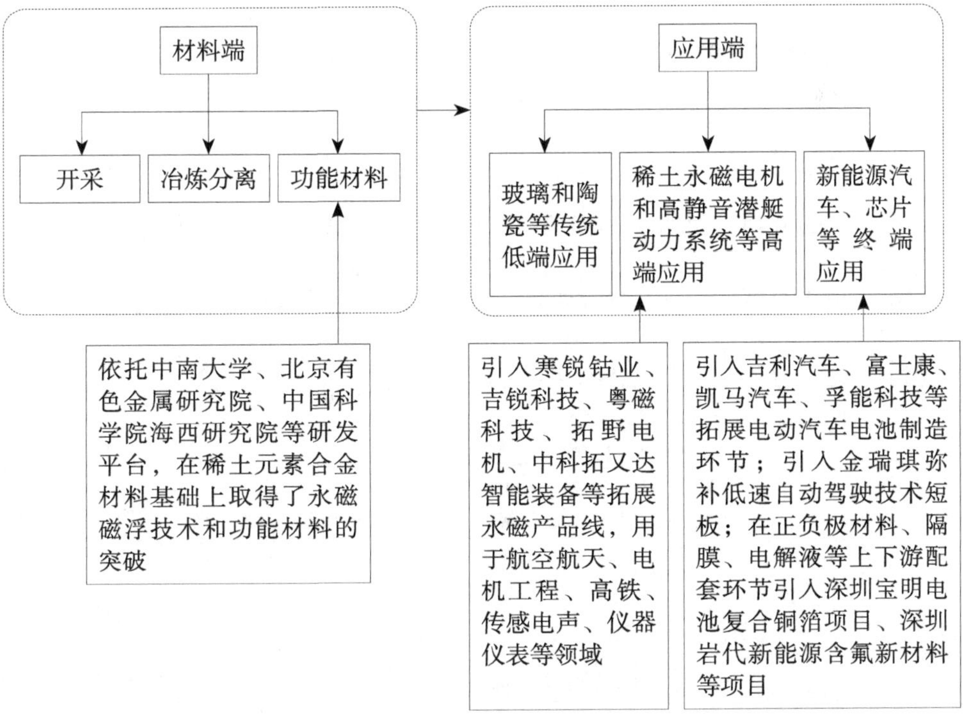

图9-1 赣州稀土行业以产业转移带实现由资源端向全链条的转变

承接产业转移重点行业由给龙头企业做配套转向开始注重培养规模大、带动能力强的“链主”企业，部分细分领域产业链已经补全补强。电子信息是赣州参与大湾区产业协作分工、承接大湾区产业转移最具代表性的产业。2019—2022年仅赣州经济技术开发区就引进电子信息类项目128个，其中投资100亿元以上项目3个，即总投资101亿元的富士康工业互联智能制造项目、总投资300亿元的吉利科技产能42GWh（12GWh+30GWh）动力电池项目以及总投资185亿元的孚能30GWh新能源电池项目。目前，赣州已经引进并培育同兴达电子科技有限公司、深联科技有限公司、骏亚电子科技股份有限公司、联茂电子科技有限公司、立德电子有限公司、宝明科技股份有限公司、志浩电子科技有限公司、一诺新材料有限公司等一批龙头企业，并逐渐吸引产业链上下游企业加速汇集，在电子信息产业链下游环节已经形成了PCB印制线路板和显示模组两条相对完整的细分产业链条，部分智能终端和部分电子元器件的细分领域产业链的发展潜力较大（见表9-1）。

表9-1　赣州市电子信息产业链各环节引进企业情况

环节	产品类别	产品细分	培育和引进企业
上游	磁性材料	稀土高性能磁性材料	金力永磁科技有限公司、开源科技有限公司、江钨新材料有限公司
中游	电子元器件	5G滤波器、电源适配器、微型马达、电阻电容电感、物联网传感器	锐晶科技有限公司、沃泰芯半导体科技有限公司、中芯源电子有限公司
		芯片开发、测试、设计、封装	
下游	显示模组	新型触控显示、触控一体模组、偏光片、背光源	同兴达电子科技有限公司、立德电子有限公司、宝明科技股份有限公司

续表 9-1

环节	产品类别	产品细分	培育和引进企业
下游	智能终端	智能手机、平板电脑、智能电视及配套	富士康科技集团、冠英智能科技股份有限公司、裕丰智能农业科技有限公司
	PCB 印制电路板	电路板、线路板、电表板等	志浩电子科技有限公司、骏亚电子科技股份有限公司、信丰福昌发电子有限公司、深联电子有限公司

二、国内区域间产业转移面临的问题

（一）国内区域间产业梯度转移和产业向周边发展中国家外迁的竞争进一步加剧

产业转移是沿海企业缓解资源环境束缚和要素成本压力的必经之路，但部分制造业的迁移方向不是中西部内陆城市而是东南亚国家，从佛山近年来产业转移的路径演化也可以看出，部分企业在东南亚市场的布局已经逐步由生产制造环节布局转向将上游原材料环节和配套环节跟随布局，进一步加大了中西部地区承接产业转移的难度。值得注意的是，与我国大部分中西部地区城市相比，东南亚国家除用工成本具有较明显优势外，各项要素成本并不具有明显优势。从赣州、南宁要素成本来看（见表 9-2），工业用电价格低于泰国、柬埔寨、菲律宾，与越南、马来西亚基本持平，工业用水价格低于大多数东南亚国家，用地价格较越南、印度尼西亚、柬埔寨甚至具有明显价格优势。可以看出，成本优势并不是吸引东部沿海产业转移的最重要因素。虽然中西部地区仍具有一定成本优势，但部分环节产业链出海意愿仍大于内迁意愿，东南亚国家以制度红利、人口红利为特征的综合营商环境优势以及出于产业链安全考虑的多元化布局趋势成为吸引我国制造业外迁的主要因素，未来中西部地区在吸引产业转移方面不能仅仅从“降成本”方面做文章。

表9-2　赣州、南宁与东南亚部分国家要素成本比较

城市与国家名称	工业用电价格［美元/（千瓦·时）］	工业用水价格（美元/立方米）	用地成本（美元/平方米）	用工成本（美元/月）
赣州	0.09（大工业用电）、0.11（非居民照明单价）①	0.32（非居民用水）②	23.4～111.4（中心城区工业用地基准价）③	638.05（私营单位就业人员月平均工资）④
南宁	0.080 6～0.102 5	0.22～0.435	37～177	889.15
越南	0.038～0.15	0.8	320～4 574（河内）	250～300
印度尼西亚	0.03	0.52	330（雅加达）	180～200
老挝	0.07	0.38	100～1 500（万象）	—
缅甸	0.07	0.02	50～180（工业区）	112
泰国	0.13	0.65～0.8	119（曼谷）	484
柬埔寨	0.13	0.2	70～350（厂房售价）	190
菲律宾	0.12	0.96	52～102（马尼拉）、100～200（工业小区）	260～270
马来西亚	0.05～0.13	0.5	60.28～223.89（槟城）、20～25（吉隆坡）	594

数据来源：赣州市统计局网站、赣州市人民政府网站、Wind数据库、商务部公共服务资源平台开放数据《对外投资合作国别（地区）指南》、香港环亚经济数据有限公司（CEIC）、《东南亚制造业市场分析报告》。

① 根据国家统计局公布的人民币平均汇率测算。

② 根据国家统计局公布的人民币平均汇率测算。

③ 数据来源于2020年10月发布的《赣州市中心城区基准地价更新成果的通知》，并根据国家统计局公布的2020年人民币平均汇率测算（1美元兑6.451 5元人民币）。

④ 根据国家统计局公布的人民币平均汇率测算。

（二）中西部地区承接产业转移仍面临诸多要素约束

一是环保压力导致能耗约束较大。中西部地区普遍面临较大环境治理压力，导致产业链中能耗较大但又相对不可或缺的环节因能耗约束而无法布局。以赣州为例，赣州位于赣江源头，是全国重要水源地生态保护区，是原中央苏区所在地，环保压力日益凸显，当地纺织服装企业反映无法布局棉花种植、印染、化纤等上游环节，原材料供应无法在本地解决。二是物流成本依然偏高。中西部地区货物运输主要依靠运输成本最高的公路运输，如赣州铁路货运量仅占总货运量不足10%，航空货运量占比不足5%，水运不足2%，与铁路货运、水路货运发达的沿海城市相比，物流成本仍然较高。三是用地紧张。中西部地区很多地市土地指标约束问题突出，意向工业项目落地前需经属地发展改革、工业信息化、自然资源、生态环境、商务、工业园区等诸多政府部门单位进行综合评估，程序繁杂、周期过长，非常容易错失商机。四是中高端人才引进成本过高。沿海地区对人才的“虹吸效应”给中西部地区人才引进工作造成极大的障碍，中西部地区引进骨干人才要付出比发达地区高出20%～50%的工资。中低技能人才缺口也较大。

（三）中西部地区承接产业转移多呈断点式、散点化特点，难以形成全链条、集群化发展

一是产业链短板仍然较多。以赣州电子信息产业链为例，其上游、中游基本仍为空白领域，全市还没有建立能够带动和促进行业技术进步的研发中心。即使在承接产业转移较为集中的下游环节，也缺少核心部件和终端产品，如关键环节的玻璃盖板、触摸模组、显示模组总量仍然偏小，整机终端产品少，特别是芯片领域仍是空白。二是产业链关键环节缺乏龙头企业，无法带动集群化发展。大多数企业是与龙头企业相配套的原材料、零部件生产供应

企业，没有形成大规模产业集群。比如在新能源和新能源汽车产业，赣州较为成熟的环节主要集中在锂电池成品、钴盐、电解液生产等环节，但企业数量少，规模也相对偏小，正负极、隔膜、铜箔、电机电控等配套产业链也不完善，国机智骏、凯马汽车整车生产所需的电机、电控等核心零部件无法实现本地化供应。三是下游终端拓展仍面临诸多困难。由于品牌知名度不高，缺乏龙头企业，中西部地区承接产业转移过程中向下游环境的延伸拓展后劲不足。以赣州为例，稀有金属产业目前仍是以生产稀土氧化物、稀土金属、钨粉、APT等中间品为主，但后端永磁电机、刀钻具等应用领域竞争力不强，除磁材以外，其他稀土材料规模仍然较小，缺乏经济效益突出、支撑作用明显的新材料项目，稀土钢等产品仍为空白。部分高端钨深加工产品如钨硬质合金产业市场拓展难。高端硬质合金产品较少，在钨催化剂、钨靶材、钨封装材料、高比重合金、钴高温合金材料等存在空白。新能源整车企业的品牌知名度不强，市场空间仍有待挖掘。

（四）国内不同区域承接产业转移存在一定程度的恶性竞争

一是中西部地区承接东部地区产业转移同质化竞争趋势明显，以承接大湾区产业转移为例，中西部各省市均瞄准大湾区开展产业链上下游分工和深度协作（见表9-3）。如广西玉林、河池等地均大力推进与粤港澳大湾区共建共享园区平台，引导大湾区产业梯度转移，贵州黔东南州积极将“黎从榕”（黎平、从江、榕江三县）建成对接融入粤港澳大湾区的桥头堡，湖南郴州、衡阳、永州、邵阳等地均提出要打造内陆地区承接产业转移和加工贸易转型升级重要平台，推进湘粤港澳合作。各地均瞄准大湾区优质产业如电子信息、新材料、新能源、生物医药等领域积极引进相关项目，均提出要充分利用粤港澳大湾区人才资源，深化产学研领域合作，推动一大批科技创新中心、研究中心等相继落地，部分环节同质化重复布局严重，浪费人力、土地、资金等资源，并且地区之间招商引资竞争日趋白热化，“抢商”现象愈演愈烈。为吸引项目落户，均通过优惠条件争取产业链上下游企业落地，甚至不惜突破政策底线，导致客商多地比选，抬高落户门槛，甚至提出苛刻条件，增加了项目落地成本和落地难度。

表9-3　中西部地区部分省市承接大湾区产业转移对比

省市	承接大湾区产业转移相关文件	主要承接产业
江西省	《江西对接粤港澳大湾区建设行动方案》	装备制造、电子信息、中医药、新材料、新能源
赣州市	《中共赣州市委赣州市人民政府关于打造对接融入粤港澳大湾区桥头堡的意见》	汽车制造、现代家居、稀有金属、新材料、生物医药、电子信息、纺织服装
九江市	《九江市对接粤港澳大湾区建设工作方案》	石油化工、现代轻纺、电子电器、新材料、新能源
广西壮族自治区	《广西全面对接粤港澳大湾区建设总体规划（2018—2035年）》	汽车制造、电子信息、节能环保、新材料
玉林市	《“两湾”产业融合发展先行试验区（广西·玉林）发展规划（2020—2035年）》	装备制造、新材料、新能源材料、纺织、商贸物流、中医药
湖南省	《湖南省对接粤港澳大湾区实施方案（2020—2025年）》	数字经济、计算机及信息安全、航空航天、新型轻合金、碳基材料、先进轨道交通装备、工程机械、基因技术及应用、新能源与智能电网、军民融合
邵阳市	《邵阳市对接粤港澳大湾区行动方案（2020—2025年）》	装备制造、显示功能材料、智能家居、循环经济、中医药、时尚用品、互联网、农产品深加工和食品制造、特色轻工纺织、文化旅游、现代物流、健康养老
贵州省	《支持“黎从榕”产业大招商和优化营商环境的三年行动方案》	医药制造、基础材料、新型建材（陶瓷和玻璃）、生态特色食品、文旅康养

二是各地均积极争取布局高技术产业，承接中低端产业转移意愿较低，产业“越顶转移”情况较为明显。以南宁为例，一方面，当地政府聚焦新

能源汽车及零部件、电子信息、高端金属及化工新材料、先进装备制造、生物医药等重点产业，不断加大招商引资力度，但由于南宁制造业发展尚处于起步阶段，相关产业发展基础以及物流、税收政策、资源要素等配套条件与大湾区甚至越南、马来西亚等存在一定差距，承接产业转移的梯度过高，造成部分高技术企业落户当地后出现一定程度的“水土不服”。另一方面，由于承接中低端产业多需低廉的劳动力、较为宽松的土地能耗政策作为支撑，而南宁近年土地能耗约束较高、劳动力外流严重等问题日益凸显，造成当地在中低端产业转移承接中既不会收获显著的经济社会效益，同时提升用工、用能违规风险，因此对承接中低端产业梯度转移并无较高兴趣。

三是赣州不仅面临其他产业承接地的竞争，自身产业布局也缺乏统筹协调。近年江西电子信息产业发展迅速，然而相对重庆、四川等地区产业发展依然有差距，同时面临着来自广西、湖南、安徽等中西部地区的竞争，并且赣州整体产业空间布局缺乏统筹协调，各区县之间的竞争加剧了产业同构，企业之间不能形成上下游关系，导致行业整体效益偏低。开发区总体数量不多，但在主导产业定位上存在大量重复环节（见表9-4），一定程度上导致内部竞争。同时，各地多是以提供土地及税收优惠等条件，单纯地创造吸引产业转移的成本优势，缺乏对自身在产业链分工中的地位的客观认知，容易忽视未来不断向产业链高端跃升的困难，承接产业转移的顶层设计和各项制度环境仍需强化。

表9-4　赣州市各开发区主导产业对比

园区名称	主导产业
赣州经济技术开发区	轻纺、有色金属及新材料、机电制造、医药和食品等五大主导产业

续表 9–4

园区名称	主导产业
龙南经济技术开发区	纺织制衣、电子五金塑料制品、食品制药加工、稀土深加工与应用等四大支柱产业
兴国经济开发区	新型建材、机电制造、矿产品精深加工、生物制药及医疗器械、现代轻纺等五大支柱产业
于都经济开发区	机械电子、纺织服装、食品加工、矿产品深加工等产业
南康经济开发区	针织服装、高档家具、电子信息、精细化工矿产品加工及食品等产业
信丰县智能电子信息产业园	汽车电子、微电子、电子技术、数控技术、电子元器件、雷达设备、通信设备和集成电路产业

三、更好平衡国内区域间产业转移和产业外迁竞争关系的对策建议

（一）确立以打造营商环境进行招商引资的思路

地方政府应转变招商引资思路，由创造要素优惠组合为基础的单纯的外部条件转向注重打造有利于技术创新、产业升级的内生性、制度性营商环境。地方层面要厘清各行业存在的技术短板和具体行业在产业链中所处位置，着力突破重点领域“卡脖子”关键核心技术，结合地方产业基础和技术创新条件等具体情况确定不同行业未来一段时期的升级路线，精准弥补关键环节短板，通过技术引进和吸收，促进承接地自身技术创新能力提升，进而改变承接地的技术落后局面，带动本地产业格局自发动态调整，加快资本、信息、劳动力、技术等要素在区域内部和区域之间的自由流动，从而实现创新要素的自发集聚，提高本地乃至区域的技术势能。围绕重点行业形成上下游配套网络。着眼于降低综合交易成本，构建一套覆盖企业全过程、服务企业经营

全方位的营商环境体系。

（二）制定面向2035年的承接全球产业转移规划

一是在深入分析全球产业链供应链变化情况的基础上，明确未来10～15年承接全球产业转移，发挥长江经济带、粤港澳大湾区、新一轮东北振兴等重大区域战略功能，推动东部地区和中西部地区相关省市联合制定产业转移规划，系统梳理中西部地区承接产业转移的重点行业、重点领域，针对不同类型的产业链，制定差异化承接全球产业转移的具体方案，着力疏通卡点堵点，提振工业经济，畅通经济循环，有效地保障我国产业链供应链安全稳定运行。二是出台支持中西部和东北地区承接产业梯度转移的创新、金融、要素保障、开放、人才政策，对产业转出地进行合理补偿，用于支持产业转型升级、下岗职工再就业等。三是推动产业转出地和转入地合作建设产业园区，创新税收分配机制，探索进一步推动地方政府以市场化机制、“共商共建共有”的原则，高标准建设产业转移示范园区，鼓励地方政府之间的股权合作，将引资规模下降等隐性产业外迁纳入重点防范的风险范畴，下好防范大规模产业外迁的东中西部一盘棋。

（三）针对中西部地区出台特殊性的支持产业转移政策

一是充分发挥新型举国体制优势，针对人工智能芯片、5G芯片、新型发动机、新能源电池、精密仪器仪表等高技术产业链的关键环节，比照越南、印度、马来西亚等经济体的税收优惠政策，赋予中西部相关城市新增制造业企业五年免除企业所得税等大力度的优惠政策，取消对于中西部地区发展劳动密集型产业或环节的各种限制措施，将服装、玩具、鞋帽等列入各类鼓励类产业目录，对于关键环节实施特殊支持政策，积极推动原始创新成果产业化，形成自主可控的产业链。二是充分运用技术标准、消费补贴等措施，引导市场扩大对自主可控产业链的需求，支持各类金融机构为中西部地区发展劳动密集型产业或环节提供足够支持，出台产能指标、能耗指标的分配和转让机制，尽量不压减产业转出地的已分配指标，酌情增加产业转入地的指标，允许产业转入地和转出地沟通、谈判、交易相关指标，统筹制定针对性的防范大规模产业外迁的具体措施，推进东中西部产业合作互利共赢。

（四）以重大区域战略为抓手出台跨区域产业转移指导方案和政策支持

一是加强和共建“一带一路”重点国家在双边合作规划等顶层设计领域的合作，逐步明确合作建立产业链的时间表和路线图。探索促进共建“一带一路”产业链供应链新型合作模式，利用当前已建成的中国境外产业园区，通过园区、进园企业的本土化延伸发展，加强与共建国家产业链供应链的畅通衔接，实现共赢发展。二是稳步扩大东部省市规则、规制、管理、标准等制度型开放，推进区域产能合作的标准体系、金融体系、监管体系等“软性”规则合作，探索与部分外向型经济发展较为成熟的周边国家在国有企业、劳工、数字贸易、环境保护、知识产权保护等边境后议题率先签订新型经贸合作协议，确保外资企业投诉机制生效，在政府采购、标准制定等领域实现内外资企业一视同仁，继续以更高水平对外开放为基础不断提升产业链韧性。三是进一步多元化对外投资方式，结合东中西部经济发展特点制定精准有效的企业走出去政策，以国内大循环吸引全球资源要素，增强国内国际两个市场两种资源联动效应，提升贸易投资合作质量和水平。

（五）充分抓住政策密集出台“机遇期”推动国内新一轮产业升级

一是根据《鼓励外商投资产业目录（2022年版）》招商引资重点领域，结合本地实际情况，在确保外资企业享受国民待遇的基础上，针对鼓励类领域出台具有实效的外资促进政策，真正发挥《鼓励外商投资产业目录（2022年版）》对于利用外资结构优化的引领作用。同时，加强对各级政府部门的督导，畅通沟通渠道，及时协调解决企业反映的突出问题和合理诉求，为跨国公司扩大在华投资提供优质服务，更好引导外资投向中西部、东北地区和海南等地，提振外资企业预期和信心。二是按照《关于以制造业为重点促进外资扩增量稳存量提质量的若干政策措施》提出的具体要求，针对具体行业、具体领域出台切实可行的政策举措，发布相关的配套文件，确保相关政策能够落到实处，逐步建立对各级政府部门落实该文件效果的评估考核机制，加强对各级政府部门的督导，充分调动有关方面工作积极性，确保政策尽快见效。

参 考 文 献

[1] HALLAK J C. Product Quality and the Direction of Trade[J]. Journal of International Economics, 2006, 68 (1).

[2] MARSHALL A. Principles of Economics [M]. London: Marcmillan, 1920.

[3] KAPLINSKY R, MORRIS M. (2001) A Handbook for Value Chain Research. IDRC, 2002.

[4] KAPLINSKY R. (2000) Globalization and Unequalisation: What Can Be Learned from Value Chain Analysis? Journal of Development Studies, 37, 117-146.

[5] STEVENS, GRAHARM C. Integrating the Supply Chain [M]. International Journal of Physical Distribution and Material Management, 1989.

[6] SZCZYGIELSKI K, GRABOWSKI W. Are Unit Export Values Correct Measures of the Exports'Quality?[J]. Economic Modeling, 2012, 29 (4).

[7] 艾伯特·赫希曼. 经济发展战略 [M]. 北京：经济科学出版社，1991.

[8] 鲍勤，张珣，魏云捷，等. 新冠肺炎疫情对我国对外贸易和产业转移的影响分析与对策建议 [J]. 中国科学基金，2020 (6)：740-746.

[9] 陈亮，毛顺宇，胡文涛. 国际经贸新形势下我国外贸高质量发展的挑

战及对策［J］. 国际贸易，2021（7）：10–18.

［10］陈万灵，卢万青．“双循环”背景下中国外贸高质量发展的新理念和新对策［J］. 国际商务研究，2021，42（6）：25–34.

［11］丛海彬，邹德玲，高博，等．“一带一路”沿线国家新能源汽车贸易网络格局及其影响因素［J］. 经济地理，2021，41（7）：109–118.

［12］戴翔，宋婕．我国外贸转向高质量发展的内涵、路径及方略［J］. 宏观质量研究，2018，6（3）：22–31.

［13］高凌云，臧成伟．全球价值链发展趋势与我国对外开放战略［J］. 湖南师范大学社会科学学报，2020（5）：55–60.

［14］高运胜，朱佳纯，康雯雯．高质量视角下我国对外贸易发展的动能塑造与路径选择［J］. 经济学家，2021（6）：100–110.

［15］韩萌．疫情背景下的中欧产业链重构趋势、风险及中国的应对措施［J］. 全球化，2021（6）：66–76，135.

［16］何莉．中国对外贸易质量评价体系研究［J］. 财经科学，2010（2）：58–65.

［17］何曼青．后疫情时代全球产业链供应链重构及外贸走势［J］. 中国外资，2021（19）：30–32.

［18］黄先海，余骁．以“一带一路”建设重塑全球价值链［J］. 经济学家，2017（3）：32–39.

［19］霍建国．以高水平开放促进外贸平稳健康发展［J］. 开放导报，2022（2）：56–62.

［20］加里·杰里菲等．全球价值链和国际发展：理论框架、研究发现和政策分析［M］. 上海：上海人民出版社，2018.

［21］李娣．“十四五”期间我国外贸高质量发展新特点、新机遇与新思考［J］. 国际贸易，2021（7）：19–28.

［22］李平，陈计芳，郭洋．基于内容分析法的产业链概念分析综述［J］．江苏商论，2013（12）：77-82.

［23］李雪，刘传江．新冠疫情下中国产业链的风险、重构及现代化［J］．经济评论，2020（4）：55-61.

［24］李杨，车丽波．后疫情时期经济全球化变局与中国应对［J］．内蒙古社会科学，2020，41（5）：113-120.

［25］联合国工业发展组织．工业发展报告2002/2003［M］．北京：中国财政经济出版社，2003.

［26］林梦，路红艳，孙继勇．全球供应链格局调整趋势及我国应对策略［J］．国际贸易，2020（10）：19-25.

［27］林毅夫，李永军．比较优势、竞争优势与发展中国家的经济发展［J］．管理世界，2003（7）：21-28，66-155.

［28］刘贵富．产业链研究现状综合述评［J］．工业技术经济，2006（4）：8-11.

［29］刘贵富．产业链基本理论研究［D］．长春：吉林大学，2007.

［30］刘志彪．全球产业链集群战略：中国应对全球供应链重组的政策举措和行动［J］．经济研究参考，2020（5）：5-10.

［31］刘志彪．新冠肺炎疫情下经济全球化的新趋势与全球产业链集群重构［J］．江苏社会科学，2020（4）：16-23，241.

［32］马弘，秦若冰．美国经济的开放结构：兼论后危机时代美国贸易政策转向［J］．当代美国评论，2020（1）：56-71，124.

［33］马林静，梁明，夏融冰．推动新时代中国贸易高质量发展的思考［J］．国际贸易，2020（7）：41-46，71.

［34］马林静．外贸高质量发展：内涵、路径及对策［J］．现代经济探讨，2020（7）：84-91.

［35］裴长洪，刘洪愧．中国外贸高质量发展：基于习近平百年大变局重要论断的思考［J］．经济研究，2020，55（5）：4-20.

［36］綦彦冰．论WTO多边贸易体制改革的进展、困境与前景［D］．长春：吉林大学，2020.

［37］曲维玺，崔艳新，马林静，等．我国外贸高质量发展的评价与对策［J］．国际贸易，2019（12）：4-11.

［38］芮明杰，刘明宇，任江波．论产业链的整合［M］．上海：复旦大学出版社，2006.

［39］石建勋，卢丹宁，徐玲．第四次全球产业链重构与中国产业链升级研究［J］．财经问题研究，2022（4）：36-46.

［40］宋红军．中国对外贸易高质量发展的内涵及实现策略：基于贯彻新发展理念视角的阐释［J］．北京财贸职业学院学报，2021，37（4）：13-19.

［41］苏庆义．中国是否应该加入CPTPP［J］．国际经济评论，2019（4）：107-127，7.

［42］孙晓涛．对接CPTPP 外资准入负面清单规则研究［J］．中国经贸导刊，2021（9）：9-14.

［43］唐宜红，张鹏杨．后疫情时代全球贸易保护主义发展趋势及中国应对策略［J］．国际贸易，2020（11）：4-10.

［44］田正．疫情冲击背景下日本产业链重构政策及影响［J］．日本问题研究，2021，35（5）：38-48.

［45］屠新泉．全球产业链重塑与全球贸易规则重构［J］．国际金融，2021（11）：13-15.

［46］王梅婷．后疫情时代全球贸易格局新变化与中国政策应对［J］．价格月刊，2022（5）：34-41.

［47］王三兴，宋然．双循环格局下的外贸高质量发展：背景、内涵与路

径［J］. 求是学刊，2021，48（4）：65-71.

［48］王晓红，郭霞. 加强国际合作 践行互利共赢［N］. 光明日报，2021-12-07.

［49］王晓红，李锋，夏友仁，等. 对“三零”国际经贸规则的认识［J］. 国际贸易，2019（6）：33-40.

［50］王一鸣. 以新业态新模式推动外贸高质量发展［J］. 中国发展观察，2021（Z3）：9-10.

［51］王云霞，李国平. 产业链现状研究综述［J］. 工业技术经济，2006（10）：59-63.

［52］王智勇，胡祎黎. 新冠疫情冲击下的中印经贸合作：基于产业链重构视角［J］. 印度洋经济体研究，2022（1）：101-125，155-156.

［53］王中美. RCEP对亚洲供应链的影响：兼论“中国加一”策略［J］. 亚太经济，2022（3）：19-26.

［54］王中美. 欧美供应链韧性战略的悖论与中国应对［J］. 太平洋学报，2022（1）：36-50.

［55］魏后凯. 产业转移的发展趋势及其对竞争力的影响［J］. 福建论坛（经济社会版），2003（4）：11-15.

［56］魏然. 产业链的理论渊源与研究现状综述［J］. 技术经济与管理研究，2010（6）：140-143.

［57］魏素豪. 中国与“一带一路”国家农产品贸易：网络结构、关联特征与策略选择［J］. 农业经济问题，2018（11）：101-113.

［58］荀克宁. 我国制度型对外开放的语境构建与路径探索［J］. 山东社会科学，2019（10）：135-140.

［59］亚当·斯密. 国民财富的性质和原因的研究［M］. 北京：商务印书馆，1972.

［60］叶琳. 日本经济国际化与经济体制变迁：国际政治经济学视角下的互动关系研究［D］. 北京：外交学院，2019.

［61］易宇，周观平. 全球产业链重构背景下中国制造业竞争优势分析［J］. 宏观经济研究，2021（6）：34-49.

［62］余淼杰，蒋海威. 从RCEP到CPTPP：差异、挑战及对策［J］. 国际经济评论，2021（2）：129-144，7.

［63］郁义鸿. 产业链类型与产业链效率基准［J］. 经济与管理研究，2005（11）：25-30.

［64］喻志军，姜万军. 中国对外贸易质量剖析［J］. 统计研究，2013，30（7）：25-32.

［65］张二震，戴翔. 疫情冲击下全球价值链重构及中国对策［J］. 南通大学学报（社会科学版），2020（5）：92-101.

［66］张骥. 统一后德国的政治文化与对外政策的选择［J］. 当代世界与社会主义，2007（6）：72-78.

［67］张健，王剑南. "德国问题"回归及其对欧洲一体化的影响［J］. 现代国际关系，2010（9）：7-13.

［68］张燕生，裴长洪，毕吉耀，等. 中国与世界贸易组织：回顾与展望［J］. 国际经济评论，2022（1）：9-30，4.

［69］张幼文. 中国四十年开放型发展道路：战略节点与理论内涵［J］. 学术月刊，2018（9）：44-55.

［70］张越，万劲波，李雅婷. 美国产业链供应链政策动向及我国应对策略［J］. 创新科技，2021，21（11）：85-92.

［71］赵丽娜. 世界经济格局大调整与我国外贸高质量发展［J］. 理论学刊，2021（1）：59-68.

［72］郑健雄，方兴起. 新冠疫情影响下全球产业链重构与中国应对［J］.

华南师范大学学报(社会科学版),2020(5):37-47,189.

[73] 中国社会科学院财经战略研究院课题组,何德旭,赵瑾."十四五"时期推进中国贸易高质量发展的问题与对策[J].财贸经济,2021,42(10):21-35.

[74] 周佰成,曹启.世界贸易格局的变迁:从多边强式竞争到联盟弱式垄断[J].求是学刊,2020(4):1-10.

[75] 周建军.全球产业链的重组与应对:从防风险到补短板[J].学习与探索,2020(7):98-107.

[76] 周念利,孟克.美国拜登政府的数字贸易治理政策趋向及我国应对策略[J].太平洋学报,2021(10):55-63.

[77] 庄芮,张晓静.论建设更高水平开放型经济新体制[J].开放导报,2022(2):21-27.

[78] 邹春燕.国内外产业链理论研究概述[J].长江论坛,2011(3):53-56.